Treatise on the Sabre, 1842

Fallen Rook Publishing

Treatise on the Sabre, 1842

Author:
Carlo Parisi

Foreword:
Daniele Calcagno

Editor:
Keith Farrell

1st Edition
2nd May 2025
ISBN 978-1-913066-05-5
Published by Fallen Rook Publishing

Version and Copyright Information

Version: 1st Edition
Date: 2nd May 2025

ISBN 978-1-913066-05-5

Note about Illustrations

Keith Farrell created the cover for this book.

Carlo Parisi drew the sketches of swords, and provided the photos of the illustrations from his own original copy of Bertolini's book.

Publisher

This book has been published by Fallen Rook Publishing Ltd, a company registered in Scotland with number SC507173; published in Glasgow, United Kingdom, in May 2025.

Special thanks go to:

the Biblioteca comunale di Trento, Trento city library,
Keith Farrell, Daniele Calcagno, Elena Merlin.

Table of Contents

Versione italiana

Introduzione

Lo scopo di questo libro è rendere disponibile, alla comunità degli schermidori storici, il metodo di maneggio della sciabola, descritto dal maestro Bartolomeo Bertolini nel suo manuale.

Le informazioni contenute nei capitoli che seguono non sono di alcuna utilità per il malvivente che vuole servirsi di una lama, salvo che non voglia dedicarsi allo sport della scherma storica.

Ritengo che la sciabola sia la disciplina emergente nel contesto delle arti marziali storiche europee: di maneggio semplice ed efficace, il suo uso è descritto in manuali di agevole lettura. Il trattato che vi accingete a leggere non è un trattato qualsiasi, il maestro aveva accumulato una cinquantina d'anni d'esperienza, al momento della sua stesura, sia in sala sia sul campo e questo traspare nella sua didattica. A mio parere, sotto questo punto di vista, Bartolomeo Bertolini è il Fiore dei Liberi della sciabola.

Reperire questo manuale non è stato facile ma ne è valsa la pena e il sistema di Bertolini è diventato la base della pratica nel mio gruppo.

Ringrazio la Biblioteca dei Civici Musei di Storia e Arte di Trieste per aver preservato il manuale e avermi concesso di pubblicarlo.

Prefazione

All'ombra delle Aquile e delle Sciabole.
Divagazioni sulla scuola italiana di sciabola post napoleonica

Ho conosciuto Carlo in occasione di un suo seminario sulla Broadsword a Castrocaro Terme, ormai molti anni fa. Ho apprezzato fin da quel primo momento la chiara lucidità del suo ragionamento deduttivo e la grande passione da lui messa in quanto andava spiegando. Ne è nata una amicizia sotto il "segno" della sciabola che ci lega tuttora e – mi auguro – ci legherà per sempre. Ha ragione Carlo quando scrive che:

> Ritengo che la sciabola sia la disciplina emergente nel contesto delle arti marziali storiche europee: di maneggio semplice ed efficace, il suo uso è descritto in manuali di agevole lettura. Il trattato che vi accingete a leggere non è un trattato qualsiasi, il maestro aveva accumulato una cinquantina d'anni d'esperienza, al momento della sua stesura, sia in sala sia sul campo e questo traspare nella sua didattica. A mio parere, sotto questo punto di vista, Bartolomeo Bertolini è il Fiore dei Liberi della sciabola.

Il tirolese Bartolomeo Bertolini nasce a Trento nel 1766 da una famiglia originaria di Pergine Valsugana, all'epoca parte del Principato vescovile (Fürstbistum) di Trento e in particolare della frazione di Roncogno. Nel 1669, infatti, Stefano Bertolini di Vermiglio – un comune sito sui confine occidentali della Contea principesca del Tirolo (Gefürstete Grafschaft Tirol), sotto al Passo del Tonale –, ottiene la concessione della cittadinanza di Trento, e si trasferisce in

Valsugana, dove la famiglia risiederà sempre (con qualche spostamento tra le frazioni di Pergine Valsugana).[1]

È davvero singolare notare come fosse pressoché coetaneo dell'Eroe del Tirolo, Andreas Hofer (St. Leonhard in Passeier, 1767-Mantova, 1810),[2] che si oppose strenuamente, fino al sacrificio della vita, contro la dominazione franco-bavarese del Tirolo, fucilato dai francesi a Mantova il 20 febbraio 1810, le cui vicende – locali – si intersecano con la vita dello stesso Bertolini: questi, traditore – è una parola forte, ma è questa la realtà storica – della propria Patria e del proprio sovrano, l'altro martire per la libertà della medesima Patria proprio contro coloro con i quali Bertolini combatteva. Il leitmotiv del tradimento e del pentimento tornerà in seguito nella biografia del maestro.

Di lui sappiamo che nel 1789 decise di trasferirsi in Francia passando dalla Svizzera (un percorso logico e più breve per chi partisse da Trento). La ragione del trasferimento non è spiegata dal maestro, che si limita ad alludere a un evento infelice. Difficile scoprire quale fosse quell'evento, ma è bene rilevare come il 1789 sia l'anno in cui inizia la rivoluzione francese, che fra il 1789 e il 1799 causò un terremoto sociale, politico e culturale in tutta Europa, a tratti anche violento e sanguinario.

---

[1] La documentazione relativa alla famiglia Bertolini si trova in: Biblioteca Civica, Trento, *Fondi antichi e Sezione trentina, Archivi*, BCT1, *Fondo miscellaneo, Famiglia Bertolini*, 2414, 2480, 2518 (anni 1669-1811).

[2] M. Pizzinini, *Andreas Hofer. Seine Zeit – sein Leben – sein Mythos*, Innsbruck-Bozen, 2008.

Bertolini si arruola presto nell'esercito francese, nel 1791, e qui vi percorre l'intera carriera fino al 1815, combattendo al fianco del còrso anche a Waterloo.[3]

La sua biografia (anteriormente al 1815 però) è ricostruibile attraverso la lettura di alcune sue opere letterarie,[4] lodate anche da Alessandro Manzoni,[5] dalle prefazioni e dai trattati stessi di scherma, e quella che ne risulta è la biografia di un militare totalmente immerso nelle vicende belliche del suo tempo, sinceramente vicino agli ideali rivoluzionari modulati nella loro scansione evenemenziale più che in quella concettuale, costellata da episodi di eroismo, di avvenimenti tristi, lieti ma anche eccezionali, condivisi in parte con coloro che la sorte gli diede a compagni (come Giovanni Battista Rossi di Rovereto, anch'essa una famiglia presente in Tirolo e nella stessa

---

[3] B. Bertolini, *La campagna di Russia e il tramonto di Napoleone (1812-1815)*, Milano, 1940, passim.

[4] B. Bertolini, Il *veterano d'Oriente, ossia carriera militare anedotica del cavalier Bartolomeo Bertolini di Trento, scritta da lui medesimo*, Trieste, 1839;

B. Bertolini, *Giorni d'orrore, avventure particolari accadute al cavalier Bartolomeo Bertolini di Trento, antico ufficiale di cavalleria, e ad alcuni suoi compagni d'armi dal giorno 13 al 28 novembre 1812 nella campagna di Russia, scritte da lui medesimo*, Verona, 1847;

B. Bertolini, *La mia prigionia in Russia, racconto storico di Bartolomeo Bertolini da Trento, antico capitano di cavalleria, cavaliere della Legione d'Onore, attualmente in Brescia*, Brescia, 1861;

B. Bertolini, *La campagna di Russia e il tramonto di Napoleone (1812-1815)*, Milano, 1869.

[5] Cfr. qui l'introduzione di Carlo Parisi.

Valsugana,[6] ma discendente dei conti Rossi di Parma).[7] Come osserva Carlo:

> Le idee politiche di Bertolini non erano per nulla apprezzate nell'impero e, secondo Ettore Fabietti, fu proprio la polizia austriaca a mandarlo a Graz, intorno al 1830, per via delle sue idee "incorreggibili".

Il maestro, dopo il tramonto del còrso e sulla soglia dei cinquant'anni, è costretto a reinventarsi un lavoro proprio in quella Patria che aveva tradito nel 1789: preclusa la possibilità di una pensione da parte francese, e sicuramente guardato con sospetto dalla puntuale polizia asburgica, decide di mettere a frutto quanto imparato durante i ventiquattro anni di servizio militare, fra Armée révolutionnaire française e Grande Armée, iniziando una carriera di insegnamento della scherma negli stati della Corona d'Austria lunga e fruttuosa. Tenderei a non interpretare il periodo di magistero a Graz come puntivo nei confronti di Bertolini. Graz era – ed è – la seconda (per importanza e antichità) università dell'Impero Austriaco/Austro Ungarico e della Repubblica Austriaca. Fondata il 1° gennaio 1585 dall'arciduca Karl ii dell'Austria Interiore (Innerösterreich), fu definitivamente riconosciuta il 14 aprile 1586.[8] La massiccia presenza di studenti, ancora

---

[6] Biblioteca Civica, Trento, *Fondi antichi e Sezione trentina, Archivi, BCT1, Fondo miscel-laneo, Famiglia Fontana,* 2891/111: "1739 luglio 3. Nicolò Bettini di Rovereto assolve pagamento verso il suocero Antonio Rossi di Borgo Valsugana".

[7] La famiglia Rossi si stabilisce, attorno alla metà del secolo XIX, in Val di Fassa, per l'esattezza a Vigo, come attestato da una lapide tuttora esistente nel portico della pieve della Natività di San Giovanni Battista.

[8] Sull'Università di Graz cfr.: F. Krones, *Geschichte der Karl Franzens-Universität in Graz,* Graz, 1886;

oggi percepibile a chi frequenti la capitale della Stiria, e l'altrettanto massiccia presenza di "confraternite studentesche" praticanti la Mensur, il tradizionale, minutamente regolamentato combattimento fra due membri maschi delle "confraternite studentesche" (Studentenverbindungen) con armi affiliate, praticato nei paesi di lingua germanica dal secolo xvi a oggi. Bertolini avrebbe così trovato a Graz, sotto la proverbiale (o paternalistica?) tolleranza asburgica, numerose occasioni di impiego che gli avrebbero permesso di condurre una dignitosa esistenza, così come altri italiani a lui contemporanei.[9] Bartolomeo Bertolini lascia Graz per Trieste nel 1836, dove apre una sala di scherma allenando

---

G. Wesener, *Römisches Recht und Naturrecht,* (Geschichte der Rechtswiss. Fakultät der Universität Graz, Teil 1), Graz, 1978;

G. Wesener, *Österreichisches Privatrecht an der Universität Graz,* (Geschichte der Rechtswiss. Fakultät der Universität Graz, Teil 4), Graz, 2002;

W. Höflechner, *Zur Geschichte der Universität Graz,* in K. Freisitzer, W. Höflechner, H.L. Holzer, W. Mantl (eds.), *Tradition und Herausforderung. 400 Jahre Universität Graz,* Graz, 1985, pp. 3-141;

W. Höflechner e I.M. Wagner, *Geschichte der Karl-Franzens-Universität Graz – Von den Anfängen bis in das Jahr 2005,* (*Universität Graz: Allgemeine wissenschaftliche Reihe,* Band 1), Graz, 2006.

[9] Come il ligure Michele Isnardi, maestro di scherma alla prestigiosa Accademia militare teresiana (*Theresianische Militärakademie*) fondata nel 1751 dall'imperatrice Maria Theresia d'Austria a Wiener Neustadt. Cfr.: *Breve trattato di scherma alla sciabola di Carlo Tambornini, maestro di scherma al regio Collegio di Marina in Genova,* introduzione e interpretazione di D. Calcagno, con le *Istruzioni e norme generali sulla scherma della baionetta di Pietro Spinazzi (Genova 1851),* Genova 2019, p. XXVI.

diversi valenti schermidori, che enumera nell'introduzione del Trattato sciabola:[10] fra questi il ligure Giovanni Gattorno.[11]

Nella capitale del Litorale Austriaco (Österreichisches Küstenland dal 1849), Bertolini avrà modo di pubblicare quattro sui sette suoi scritti.[12] La censura austriaca, molto

---

[10] B. Bertolini, *Trattato di sciabola,* Trieste, 1842, pp. 85-87.

[11] B. Bertolini, *Trattato di sciabola,* Trieste, 1842, pp. 86-87.

Giovanni Gattorno è nominato capitano della 21st Compagnia, Quartiere di Portoria, nella sessione del Governo provvisorio genovese del 28 luglio 1797; figura fra i candidati all'elezione a console della Nazione Ligure a Nizza e a Livorno durante la sessione del Governo provvisorio genovese del 28 agosto 1797. Cfr.: *Registro delle sessioni del Governo provvisorio della Repubblica di Genova dal giorno della sua installazione, 14 giugno 1797,* Stamperia Nazionale, Genoa, 1797, pp. 41, 141.

Nel 1829 figura nell'elenco dei creditori verso la liquidazione francese di prima classe sui crediti non pagati del soppresso Banco di San Giorgio di Genova. Cfr.: *Notificanza della regia Commissione superiore di liquidazione colla quale viene pubblicato un nuovo elenco di creditori, sì particolari che Corpi amministrati, verso la liquidazione francese di Iª classe in data 10 giugno 1829,* Stamperia Reale, Torino, 1829, p. 12: "Gattorno e Pinzo, la compagnia dei fornitori; e per essa Giovanni Gattorno figlio di Antonio e Francesco Pinzo quonda Giovanni Battista."

Nel 1848 è uno dei direttori del Mediterraneo Banco d'Assicurazione di Trieste. Cfr.: *Manuale provinciale del Litorale Austro-Ilirico per l'anno 1848,* I. Papsch & C. tip. del Lloyd Austr., Trieste, 1848, p. 217.

[12] Vale la pena di metterli in successione cronologica: *Il veterano d'Oriente* (Trieste, 1839); *Trattato di sciabola* (Trieste, 1842); *Trattato di contrapunta* (Trieste, 1844); *Trattato di scherma relative alla spada* (Trieste, 1844); Giorni d'orrore (Verona, 1847); *La mia prigionia in Russia* (Brescia, 1861); *La campagna di Russia* (Milano, 1869).

presente nel Regno Lombardo Veneto, appare meno preoccupata di controllare quanto pubblicato nella città fedelissima, e solo dopo il 1866 l'imperatore Franz Ioseph i avrà di che preoccuparsi.[13]

D'altronde, le dediche dei suoi trattati di scherma, come rileva Carlo, sono indice della rete di rapporti intessuta da Bertolini e della qualità degli stessi. Se il Trattato di sciabola, oggetto di questa pubblicazione, sembrerebbe apparentemente slegato dal patronato asburgico, a ben vedere non è del tutto così.

Il conte Ettore Carlo Lucchesi-Palli[14] (Palermo, 1806-Brunnsee, Stiria, 1864), settimo principe di Campofranco e quarto duca della Grazia, aveva infatti segretamente sposato, a Roma, il 14 dicembre 1831, la duchessa di Berry, Maria Carolina di Borbone delle Due Sicilie,[15] figlia di Francesco i di Borbone, re delle Due Sicilie e dell'arciduchessa Maria Clementina d'Asburgo-Lorena (figlia, a sua volta, dell'imperatore Leopoldo ii d'Asburgo-Lorena).

---

[13] Cfr.: H. Bresttner-Messler, *Die Protokolle des Österreichischen Ministerrates 1848-1867. V Abteilung: Die Mini-serien Rainer und Mensdorff. VI Abteilung: Das Ministerium Belcredi*, (*Österreichischer Bundesverlag für Unterricht, Wissenschaft und Kunst*), Wien, 1971;

J. Baurmann, H. Gunther, e U. Knoop, *Homo scribens: Perspektiven der Schriftlichkeitsforschung*, Tübingen, 1993, p. 279.

[14] Nato a Palermo, nel 1806; morì a Brunnsee, Styria, nel 1864. Settimo principe di Campofranco e quarto duca di Graz. Figlio di Carlo X, King of France.

[15] Figlia di francesco I di Borbone, sovrano del Regno delle Due Sicilie e dell'arciduchessa Maria Clementina d'Asburgo - Lorena (figlia dell'imperatore Leopoldo II d'Asburgo Lorena).

La duchessa di Berry riveste, a mio avviso, il ruolo di reale patronato di Bartolomeo Bertolini, più che il marito dedicatario. Dopo l'assassino del marito, figlio del re di Francia Carlo x, Maria Carolina, alle Tuileries, raccoglie un vivace salotto culturale: poco incline all'etichetta, amava la gente (in questo era più una Asburgo che una Borbone) ed era molto sensibile alla moda. Grande mecenate di pittori, musicisti e letterati, fino al 1830 fu patrona dei commedianti del teatro del Gymnase, che divenne famoso come "teatro di Madame". Dopo la Rivoluzione di luglio seguì re Carlo x in esilio cercando di farsi proclamare reggente del figlio, il conte di Chambord, altrimenti noto come Enrico v. Ritornò clandestinamente in Francia nel 1832 e tentò di rilanciare le guerre di religione in Vandea, ma l'operazione fallì rapidamente. Tradita da un certo Deutz a Nantes, dopo aver tentato invano di fuggire attraverso il camino, fu arrestata dalla polizia del ministro degli Interni Thiers. L'opinione pubblica venne allora a conoscenza di un delicato scandalo: coinvolta nel malaccorto tentativo di sollevazione come vedova del figlio di re Carlo x (assassinato il 13 febbraio 1820 e martire della casa reale), dunque madre dell'erede al trono di Francia, durante la prigionia nella fortezza di Blaye diede alla luce una figlia, Anna Maria, presto morta, evidentemente non del defunto marito. In quell'occasione fu reso noto il matrimonio segreto con il conte Ettore Lucchesi-Palli. Arrestata, lasciò la Francia, raggiunse Palermo e quindi Praga, dove il re di Francia non volle riceverla se non a determinate condizioni. La ricevette così dal 13 al 18 ottobre 1832, a Lubiana.

Maria Carolina emigrò quindi in Belgio e, finalmente, in Austria e più precisamente in Stiria, a Brunnsee, dove muore nel 1870.[16] Carlo rileva come Bartolomeo Bertolini, nell'introduzione al Trattato di sciabola, ricordi al dedicatario di essersi inchinato di fronte a lui proprio a Graz. Ma anche il Trattato di squadrone, del 1844, è dedicato a un personaggio per nulla secondario della galassia Asburgica, il principe Federico di Schwarzenberg[17] (Friedrich Karl zu Schwarzenberg, o Carlo ii, Vienna, 1800-1870), figlio primogenito del feldmaresciallo Karl Philipp zu Schwarzenberg (1771–1822) e della contessa Maria Anna von Hohenfeld (1768–1848), dal 1851 Generalmajors (Maggior Generale) dell'esercito Austriaco (Kaiserlich-Königliche Armee).

Va sottolineato che il padre Karl Philipp (1771-1820) fu uno dei più capaci comandanti austriaci dell'era napoleonica. Lo stesso còrso lo aveva in gran stima e su sua esplicita richiesta il principe prese il comando delle truppe ausiliarie austriache durante l'invasione della Russia nel 1812, quando ormai l'Austria era schierata con l'Impero francese. Nel 1813, quando l'Austria riprese nuovamente l'atteggiamento ostile nei confronti della Francia, il principe di Schwarzenberg, da poco promosso Feldmaresciallo, venne nominato comandante in capo delle

---

[16] Cfr.: A. Castelot, *La Duchesse de Berry d'après des documents inédits*. Neuausgabe, Paris, 1996;

A. Castelot, *La Duchesse de Berry ou la mere persécutée*, Paris, 1998;

H. Kremers (ed.), *Marie Caroline Herzogin von Berry. Neapel, Paris, Graz, Lebenswege einer Prinzessin der Romantik*, Wien-Köln-Weimar, 2002.

[17] Friedrich Karl zu Schwarzenberg, che visse dal 1800 al 1870. Fu il figlio primogenito del feldmaresciallo Karl Philipp zu Schwarzenberg (1771-1822) e della contessa Maria Anna von Hohenfeld (1768–1848).

armate alleate di Boemia, che condusse vittoriosamente nella campagna del 1813-1814 entrando quindi a Parigi e detronizzando Napoleone. In queste campagne ebbe tra i più fidi subordinati il generale Gebhard Leberecht von Blücher, l'eroe di Waterloo.

La dedica al principe di Schwarzenberg (dovendo ricevere l'assenso per essere anteposta alla pubblicazione, come era usuale) è in pratica una accorata dichiarazione di pentita fedeltà alla Casa Imperiale d'Austria, sovrana della Patria tirolese, e la qualità dei dedicatari prova che il perdono non si era fatto desiderare.

La biografia di Bartolomeo Bertolini si interseca per un attimo con quella di un altro grande riformatore della sciabola ottocentesca post napoleonica, Alberto Marchionni, anch' egli a lungo in servizio della Armée révolutionnaire française e della Grande Armée. Il 19 luglio 1829, infatti, presso la sala di scherma sita in Campo Santo dietro al duomo di Milano, diretta dai:

> professori di armi signori Bolognini, Rossi e Bertolini, che in questo accademico loro istituto ammaestrano con tanto onor loro ed altrui vantaggio i bramosi di approfittare delle loro lezioni. In questo pregevole istituto, dunque, invitata fu la colta società di Milano ad assistere, nella mattina di domenica 19 del corrente luglio, ad un'accademia di scherma ove prodursi doveva un distinto professore forestiero, nella persona del fiorentino signor Alberto Marchionni, maestro di quest'arte nel reale Collegio di Marina di sua maestà sarda in Genova. Quanto apprezzati siano simili esercizî in questa città ben lo dimostra il bello e numeroso concorso di dilettanti in quella mattina colà intervenuti; quanto poi stimabile sia l'artista al pubblico giudizio offertosi in questa straordinaria occasione, lo attesta la generale e tutta particolare approvazione da esso signor Marchionni riportata nelle valorose sue prove. Nei varî

> assalti da lui sostenuti con i soprannominati signori professori conoscere egli si fece per un artista di prima forza. Nel franco maneggio dell'arma sua spiegò una perizia eguale come nella difesa così nell'assalto, e per quanto si può distinguere da una prima e sola produzione, a me sembra che il signor Marchionni, attaccato esclusivamente non sia alle leggi d'una scuola particolare, ma che delle varie scuole a lui familiari siano tutte le più avvedute cautele. Si può discernere in esso l'ardire non mai disgiunto dalla prudenza; d'occhio pronto e vivace, di polso fermo e robusto, dignitosamente composto della persona, di presenza snella e vantaggiosa, divertire egli seppe anche i suoi spettatori con diverse ben immaginate e ben riuscite operazioni, nelle quali da' suoi valenti competitori secondato fu egregiamente, e nell'ultima prova, soprattutto col signor Bolognini, ove tra la folla mi fu concessa una più libera osservazione, piacevolissimo era il vedere due professori tanto valenti, padroni mostrarsi d'un'arte difficilissima ad un sì eminente grado. Soddisfatto con tutti gli altri concorrenti della specialmente commendevole abilità del signor Marchionni, io non saprei manifestargli altrimenti l'alta mia stima che col farmi interprete dell'altrui, assicurandolo pubblicamente ch' egli pervenne a guadagnarsi tutti i suffragî e che resta di lui in Milano una memoria corrispondente al raro suo merito.[18]

Anche Marchionni si forma tra le fila degli eserciti napoleonici. La sua carriera è tratteggiata nella Prefazione ai giovani italiani del suo Trattato di scherma del 1847 (ma messo in commercio nel 1854): arruolatosi a quindici anni,

---

[18] Cfr.: *Breve trattato di scherma alla sciabola di Carlo Tambornini, maestro di scherma al regio Collegio di Marina in Genova,* introduzione e interpretazione di D. Calcagno, *con le Istruzioni e norme generali sulla scherma della baionetta di Pietro Spinazzi (Genova 1851),* Genova 2019, pp. XXXVIII-XXXIX, nota 25.

ricorda con nostalgia, come Bertolini, le campagne in Europa e in Egitto, durante le quali:

> siccome già da qualche tempo io mi era addestrato nell'arte della scherma e ne aveva date lezioni, divisai lasciare il reggimento e a quest' ultima disciplina esclusivamente dedicarmi; lo che feci e, chiesto ed ottenuto nel 1825 il mio congedo, divenni maestro d'armi.[19]

La carriera non è dissimile da quella di Bertolini e i due maestri potrebbero essersi anche conosciuti ma possono essere considerati i riformatori della scherma loro contemporanea per chiarezza, dottrina e praticità, come ben mette in luce Carlo. Marchionni, nel 1826, parte per un lungo viaggio di studio nella penisola italiana per conoscerne le principali scuole di scherma. Una volta giunto a Genova, è promosso maestro di scherma della regia Scuola di Marina,[20] partendo quindi per la Francia a causa delle sue frequentazioni mazziniane e facendo ritorno in Italia, a Firenze, sotto la più liberale Aquila Asburgica, più tardi.[21] A Genova Marchionni ha fra gli

---

[19] Cfr.: *Breve trattato di scherma alla sciabola di Carlo Tambornini, maestro di scherma al regio Collegio di Marina in Genova,* introduzione e interpretazione di D. Calcagno, *con le Istruzioni e norme generali sulla scherma della baionetta di Pietro Spinazzi (Genova 1851),* Genova 2019, pp. XXXIX-XL, nota 26.

[20] Il principale collegio per gli ufficiali di Marina del Regno di Sardegna/d'Italia fino alla fondazione dell'Accademia Navale di Livorno, 1878-1881.

[21] Cfr.: *Breve trattato di scherma alla sciabola di Carlo Tambornini, maestro di scherma al regio Collegio di Marina in Genova,* introduzione e interpretazione di D. Calcagno, *con le Istruzioni e norme generali sulla scherma della baionetta di Pietro Spinazzi (Genova 1851),* Genova 2019, pp. XXXIX-XL, nota 26.

allievi Carlo Tambornini, l'ultimo esponente italiano della scherma discendente dall'esperienza napoleonica, e il suo Breve trattato, benché di una ventina d'anni posteriore (1862), ne prova la vicinanza.

Tanto Marchionni che Bertolini si forgiano nella guerra, sotto i comandi dei generali di Napoleone, vittoriosi, fino al 1812, contro tutta Europa; lì si formano, lì hanno l'opportunità di scambiarsi esperienze e conoscenze, lì hanno l'occasione di conoscere tutte le scuole schermistiche europee di Antico Regime, potendo così forgiare la nuova scuola nella loro esperienza.

E il buon Bertolini testimonia, forse quale prova a posteriori dell'efficacia del suo metodo, un buon numero delle ferite ricevute in guerra, che dovrebbe far riflettere i praticanti le Arti Marziali Storiche Europee.[22]

---

[22] Da: B. Bertolini, *Il veterano d'Oriente, ossia carriera militare anedotica del cavalier Bartolomeo Bertolini di Trento, scritta da lui medesimo*, Trieste, 1839;

A. Berlam, *Il veterano napoleonico cavalier Bartolomeo Bertolini, scrittore di memorie e maestro di scherma*, in «L'Archeografo triestino: raccolta di opuscoli e notizie per Trieste e per l'Istria», s. III, VII/XXXV (1913), pp. 269-277 (in particolare pp. 273-277).

Impero Francese, Prima Divisione militare, Terzo Corpo della Grande Armée

Anni	Ferite	Luogo
1791-1793	3	Francia, in servizio d'ordine pubblico
1794-1795	1	Anjou
1796	1	Reno
1797-1798	0	Vandea
1798	1	Egitto
1799	0	Grigioni, sotto Macdonald
1800	0	a la Rochelle
1801-1803	0	America
1804	4	combattimento navale
1805	0	Reno
1806	0	Reno, Prussia, assalto di Colberg

Impero Francese, Quarto Corpo d'Armata, Divisione della Guardia reale

Years	Wounds Received	Place & Circumstances
1807	0	è nominato maresciallo d'alloggio in sussistenza alla compagnia d'artiglieria a cavallo della Guardia reale
1808	0	?
1809	5	Wagram
1809-1810	0	Catalogna
1811	0	parte volontario per la campagna di Russia
1812	gravi	Witebsk, Smolensk, Moskowa dove è fatto prigioniero
1812	3	in relazione alle battaglie di Witebsk, Smolensk, Moskowa

Meriterebbe – è un invito che rivolgo al caro Carlo – di lanciarsi in una indagine, certo lunga e difficile anche per questioni linguistiche, verificando quanto, nella trattatistica sulla sciabola di area germanica della prima metà del secolo xix, vi sia di originale rispetto ai maestri italiani. Non è il caso di rinverdire una vecchia polemica, ma non è opportune ricordare che, Luigi Barbasetti (Udine, 1859–Verona, 1948), allievo a Roma di Masaniello Parise e maestro all'Accademia Militare di Modena e al Circolo schermistico di Trieste (ancora membro dell'Impero Austriaco), cogliesse l'invito del maestro della Scuola militare viennese di scherma, il maestro Ryshanek, conosciuto a Milano durante un torneo alla Scala nel 1894, ad aprire la sua Salle Barbasetti nella Hauptstat Vienna, in Annagasse, 4. Nel 1895 Barbasetti fondava l'Union-Fechtclub Wien e nel 1904 l'Akademie der Fechtkunst Österreichs.

La forza del trattato di Bartolomeo Bertolini, come rilevato da Carlo, sta anche nel fatto che l'autore ha potuto "verificare" i suoi consigli, i suoi principi e le sue tecniche sul campo di battaglia (numerosi sono, difatti, gli aneddoti) e proprio per questo l'autore ha cercato un linguaggio semplice, chiaro ed efficace (fra i maestri italiani andrebbe ricordato il pioneristico lavoro dei due "amici" Rosaroll Scorza e Pietro Grisetti, del 1803,[23] e l'incompiuta prima edizione del genovese Paolo de Scalzi, del 1835,[24] sensibilmente debitrice, però, del lavoro di Rosaroll Scorza e Grisetti che razionalizza e rende più fruibile, anche se

[23] Baron G.M. Rosaroll-Scorza e P. Grisetti, *La scienza della scherma esposta dai due amici Rosaroll Scorza, capitano dei Zappatori italiani, aggiunto allo Stato Maggiore del Genio, e Grisetti Pietro, capitano di artiglieria italiana,* Milano, 1803.

[24] P. De Scalzi, *La scienza della scherma esposta per lezioni teorico-pratiche dal professor Paolo De Scalzi di Genova,* Verona, 1835.

dedicati alla spada (ma dove si compendia, invero, tutta la disciplina schermistica dell'epoca).

Insomma, il lavoro di Carlo apre uno spaccato inedito sulla realtà schermistica della prima metà dell'Ottocento fin qui inedita ma – a mio avviso – assolutamente imprescindibile per comprendere la genesi della Scuola Schermistica Italiana fra Otto e Novecento.

Carlo, da buon indagatore, si sofferma anche sugli strumenti, sulle sciabole, in uso ai tempi di Bertolini, le celebri sciabole e squadrone francesi e le varie declinazioni dei modelli di sciabola da ussaro confluite nei modelli 1794 britannico e 1811 prussiano, la celebre "Blücher". È di capitale importanza, infatti, poter maneggiare i manufatti originali per i quali i trattati di scherma furono concepiti. Il modello 1811 evolverà, nell'Impero Austriaco, nel modello 1837 o nel modello 1849 per ufficiali di fanteria – forse l'ultimo efficacemente impiegato in combattimento – e il modello 1861, sostanzialmente ancora in uso nell'Heer della Repubblica Austriaca. In Italia dal modello per gli ufficiali di fanteria francese deriverà quella per custodi di fortezze – modello 1833 – mentre ancora dalle sciabole per ussaro deriveranno il modello 1831 e il modello 1851. Non è certo un caso che, dalle illustrazioni del Breve trattato di Carlo Tambornini (1862), si veda chiaramente come il maestro prediliga una forma più datata di arma (si tratta senza dubbio del modello 1855, come d'altronde provano anche alcuni esemplari tuttora conservati e appartenuti al maestro Genovese). D'altronde, sul campo, Tambornini aveva conosciuto certamente l'efficacia del modello 1837 austroungarico e il da poco riformato modello 1861. La portanza dei diversi modelli è totalmente differente e in futuro si dovrà indagare anche questo aspetto, che ne influenza totalmente il maneggio.

Maneggio che, nel trattato di Bertolini come di Tambornini, è perfettamente funzionale alle armi per i quali furono concepiti, mentre nell'uso con sciabole per cavalleria (ipotizzandone l'uso a terra) risultano assai meno efficaci.

Il lavoro di Carlo è pertanto completo in ogni sua parte e deve essere preso a modello nelle future edizioni di trattati di sciabola.

Carlo ha assolutamente ragione: "the sabre is the rising star in Historical European Martial Arts: simple and effective, usually described in manuals that are easy to read". Semplice ed efficiente, ma pure elegante, signorile, aggiungiamo noi, come il caro Carlo.

Genova, 5 maggio 2021

Daniele Calcagno

Il Maestro, le sue campagne e i suoi combattimenti

Penso sia importante conoscere il maestro che ha scritto il trattato che stiamo per leggere. Molti maestri di scherma hanno passato la vita in sala, insegnando scherma, non è il caso dell'autore di questo trattato, il quale ha avuto una rilevante esperienza di combattimento; possedeva notevoli abilità nell'impiego delle armi bianche e delle armi da fuoco ed era anche un abile cavaliere. Queste conoscenze gli permisero di sopravvivere ad alcune delle situazioni più rischiose, nelle quali si potesse trovare un uomo nel tardo diciottesimo e nel primo diciannovesimo secolo.

In quest'introduzione, discuterò alcuni eventi della vita del Maestro, che sono riportati nei seguenti libri:

- *Il veterano d'Oriente, ossia carriera militare anedotica del Cavalier Bartolomeo Bertolini di Trento, scritta da lui medesimo,* Weis, Trieste, 1839.
- *Giorni d'Orrore, avventure particolari accadute al cav. Bartolomeo Bertolini di Trento, antico ufficiale di cavalleria, e ad alcuni suoi compagni d'armi, dal giorno 13 al 28 Novembre 1812, nella campagna di Russia, scritte da lui medesimo,* Antonelli, Verona, 1847.
- *La mia prigionia in Russia, racconto storico di Bartolomeo Bertolini da Trento, antico capitano di cavalleria, cavaliere della Legione d'Onore, attualmente in Brescia,* Venturini, Brescia, 1861.

- *La campagna di Russia e il tramonto di Napoleone* (1812-1815), A. Mondadori, Milano, 1869.[25]

Altre informazioni, riguardanti la vita di Bertolini dopo le campagne napoleoniche, possono essere trovate nei manuali di scherma che ha pubblicato:

- *Trattato di Sciabola,* tipografia Weis, Trieste, 1842.
- *Trattato di Contrapunta scritto da Bartolomeo Bertolini, Cavaliere della Legione d'Onore, dedicato a S.A.S. Federico de Schwarzemberg, duca di Krumau,* tipografia Weis, Trieste, 1844.[26]
- *Trattato di Scherma relativo alla Spada,* tipografia Weis, Trieste, 1844.

A quanto ci dice, Bartolomeo Bertolini nacque a Trento nel 1766, nel 1789 decise di trasferirsi in Francia, passando dalla Svizzera. La ragione del trasferimento non è spiegata dal Maestro, che si limita ad alludere a un evento infelice.

Bertolini si arruolò nell'esercito francese nel 1791, fu sotto il comando del generale Kellermann, a Lione e Tolone, e combatté in Vandea sotto Napoleone. Dal 1796 servì nei dragoni, un'unità speciale della cavalleria francese, che operava anche come fanteria montata. I dragoni erano equipaggiati con una lunga spada a lama dritta, che Bertolini chiama "squadrone", e con un moschetto.

---

[25] La versione originale risale al 1869, la mia versione è successiva e di un diverso editore: *La campagna di Russia e il tramonto di Napoleone (1812-1815),* Mondadori, Milano, 1940.

[26] Il termine "Contrapunta" usato da Bertolini per indicare un sistema di scherma di taglio e punta proviene dal francese "Contre Pointe".

In seguito, il Maestro combatté in Egitto, prendendo parte alla Battaglia delle Piramidi, episodio menzionato nel manuale di squadrone:

> Qui rammenterò la memorabile giornata del 23 luglio 1798 alle Piramidi in Egitto. Eravamo in fronte ad un esercito, di gran lunga superiore al nostro, comandato da Mourad-Bey, e si può dire ovunque circondati da imponenti forze nemiche alla qual condizione non si avrebbe forse potuto porre riparo, se non ci fossimo appoggiati al valore delle nostre armi. Prima che il sole si levasse sull'orizzonte, tutta la cavalleria accompagnata dall'artiglieria entrò in battaglia e pose in fuga la più scelta araba cavalleria in poche ore, rimanendo per tal modo distrutto il nerbo d'un esercito che pretendeva d'arrestar il corso delle nostre vittorie. Ci fu quindi libera la via di proseguire sopra il Cairo, il che femmo costeggiando il canale che mena le acque dal Nilo in Alessandria. Quante illustre memorie derivarono alla nostra armata dall'essere con tanta precisione esercitata nel maneggio dello squadrone." [27]

Il Maestro parlò della battaglia più volte, nei suoi libri:

> Nel giorno 23 prima che l'alba sorgesse, Bonaparte ordinò dei movimenti, in virtù dei quali il 24 siamo giunti alle Piramidi appoggiati a grandi speranze, mercé i continui proclami che ce ne lusingavano. Bonaparte esternando grandissimo entusiasmo ravvivò l'animo dei soldati dicendo.
>
> "A voi sarà concesso dal cielo di vincere i tiranni d'Egitto; pensate che dall'alto di quei monumenti quaranta secoli stanno a contemplarvi."

[27] *Trattato di Contrapunta scritto da Bartolomeo Bertolini, cavaliere della Legione d'Onore, dedicato a S.A.S. Federico de Schwarzemberg, duca di Krumau,* Weis, Trieste, 1844, p. 89.

> Intanto Mourad-Bey ci raggiunse ed attaccò senza lasciarci tempo di metterci in battaglia, per cui sveltamente ci riordinammo, dividendoci in due colonne per resistergli, il che femmo con tanto vigore, che dopo averlo fulminato col fuoco lo assaltammo ad arma bianca.
>
> La fortuna fu propizia alle nostre armi. La voce dell'invitto Bonaparte ovunque si faceva sentire. Egli andava, veniva, volava in tutte le file, sorrideva all'uno, riprendeva l'altro, incoraggiava il meno ardito, animava vieppiù il temerario, e per primo insanguinò la sua spada, spronando ciascheduno a segnalarsi con emule ardire, per cui l'inimico terribilmente stretto sofferse massacro rilevantissimo. Cadevano fanti e cavalieri, ed il sangue irrigava quella pianura. Il fiero martellar dei brandi, e le voci dei moribondi facevano echeggiar l'aria, e presentavano la più lugubre scena.[28]

Nel 1799 Bertolini partecipò all'assedio di Acri e alla battaglia del Monte Tabor, era sul campo anche in occasione della battaglia di Abukir.

La campagna contro l'Austria vide il maestro in azione a Montebello e Marengo, nel 1800 stazionò in Italia e la sua unità fu accorpata all'armata italiana.

Qualche tempo dopo, l'unità di Bertolini fu trasferita in Francia, per arrivarci passò dalla Svizzera e, nella città di Pajerne, a Sud Ovest di Berna, fu coinvolta in uno scontro in un'abitazione privata: i soldati erano ospiti nella casa di una donna del posto che aveva prelevato dei soldi in banca, una banda di rapinatori tentò di abbattere la porta per impadronirsi del denaro. I soldati lasciarono che i malfattori aprissero la porta e diedero loro il benvenuto

[28] *Il veterano d'Oriente, ossia carriera militare anedotica del Cavalier Bartolomeo Bertolini di Trento, scritta da lui medesimo,* Weis, Trieste, 1839, p. 166.

con una volata di colpi di moschetto, questo pose fine alla tentata rapina.[29]

Una nota importante, sulle arti marziali storiche, è questa: anche in un contesto militare, non era necessariamente solo il nemico a rappresentare una minaccia. Criminali di ogni sorta trovarono impiego negli eserciti del passato e non era certo impossibile essere assaliti da qualcuno che portava la vostra stessa uniforme, o quella di un esercito alleato. La vita di Bertolini, come quella di Donald Mc Bane,[30] mostra questa possibilità. Mentre si trovava in Francia Orientale, il Maestro fu coinvolto in uno scontro da strada degno di menzione:

> Il giorno 29 agosto, provveduti di sufficiente denaro, ci ponemmo in viaggio prendendo la strada di lverdain e Ponthalier, e due stazioni dopo Bourges, il 25 settembre arrivammo a Morantaine e ci riunimmo al nostro squadrone. ...
>
> Mi ritrovavo una sera con diversi compagni in un albergo, ove allegramente si beveva alla salute reciproca. Il troppo abuso del liquore di Bacco riscaldò i sangui, e fece insorgere una serie di vaghe questioni. Era consuetudine in allora di valutare il linguaggio dell'armi ove taceva quello della ragione. Continuavasi a questionare, quando uno dei compagni mi fe'cenno di uscire, fingendo di dovermi comunicare qualche cosa di importanza. Senza sospettare di sinistro, aderii, ma usciti appena mi condusse in un praticello sulla riva del fiume Scherè, e mi disse arrogantemente che uno di noi la sarebbe rimasto. Non senza sorpresa e risentimento

[29] *Il veterano d'Oriente, ossia carriera militare anedotica del Cavalier Bartolomeo Bertolini di Trento, scritta da lui medesimo,* Weis, Trieste, 1839, p. 261.

[30] Si veda: "*Donald McBane*"; Ben Kerr (ed.), *The Expert Sword-Man's Companion, 1728,* Fallen Rook Publishing, Glasgow, 2015.

> gliene chiesi il motivo, ma egli beffandosene mi rispose, che il saprei poscia. Nella notte piovosa ed oscura il balenare del lampo mi permise d'accorgermi che altri compagni non meno di lui ingiusti e feroci coi ferri sguainati mi circondavano. Con quale vista eglino inveissero contro di me, e cercassero privarmi di vita, non giunsi mai a saperlo, potei solo supporre che forse il desiderio d'impossessami del poco mio denaro a ciò gli spingesse. Io non mi era fino a quel punto determinato a battermi, ma conoscendomi in tale pericolo, impugnato lo squadrone, procurai di respingere quei aggressori per non venire diversamente oppresso da loro. Ogni mio sforzo però sarebbe rimasto inutile a fronte del numero degli insidiatori, se un fido amico non fosse accorso in mio aiuto. Allora furibondi schermindoci, gli impaurimmo e caricammo di modo, che ne uccidemmo tre, ne lasciammo alcuni feriti (fra i quali il nipote del general Devosaine) ed obbligammo gli altri alla fuga.
>
> Riconoscemmo ciò, che giusto il cielo non permette che gl'insidiatori trionfino, e protegge sempre la causa dell'innocente.[31]

Poco dopo gli eventi menzionati, Bertolini prese la decisione di lasciare l'esercito, per stare con la famiglia. Sebbene un decreto consolare lo consentisse, Bertolini aveva più volte chiesto di potersi congedare, senza ottenere nulla, decise perciò di disertare con un amico. Fuggirono in abiti civili.

Dato che il denaro che avevano non era sufficiente a sostentarli per tutto il percorso, si mantennero facendo gli artisti da strada, l'amico di Bertolini sapeva cantare e suonare la chitarra, mentre il Maestro aveva addestrato il

---

[31] *Il veterano d'Oriente, ossia carriera militare anedotica del Cavalier Bartolomeo Bertolini di Trento, scritta da lui medesimo*, Weis, Trieste, 1839, p. 265-267.

suo cane, Filidor, a ballare.[32] Il commilitone s'improvvisò anche dentista e medico, estrasse denti e vendette medicine, probabilmente sottratte dai depositi militari. I due fuggitivi furono arrestati da soldati del loro reggimento, vicino a Chatelneau, il 5 luglio 1801, e furono rimandati alla loro unità che era diretta a Brest, per imbarcarsi per Santo Domingo.

Bertolini afferma che lo scopo della campagna era di rimettere gli haitiani in catene, dopo che si erano liberati combattendo, ed era molto contrario all'idea, al punto di affermare:

> Io descriverò qui la lunga serie di mali che da questa spedizione furono originati, e che avvilirono agli occhi miei l'umana specie al di sotto quasi di quella dei bruti.[33]

Il Maestro vide parecchia azione a Haiti, dove il Generale Jean-Jacques Dessalines, leader della ribellione, stava creando molti problemi alle forze d'occupazione. Quello che segue è un combattimento piuttosto particolare cui Bertolini prese parte:

> Continuando a combattere con indefesso coraggio superammo molti ostacoli, ed avessimo obbligato Cristofolo a ritirarsi, se Dessalines disceso dai monti non fosse pervenuto a tempo di cerchiare con rapido movimento la nostra armata. Il nostro condottiere alla testa della cavalleria eseguì una carica, con la quale pose in iscompiglio gli avversari, ma per far ciò tanto erasi inoltrato che corse rischio di rimaner prigioniero

---

[32] *Il veterano d'Oriente, ossia carriera militare anedotica del Cavalier Bartolomeo Bertolini di Trento, scritta da lui medesimo,* Weis, Trieste, 1839, p. 269.

[33] *Il veterano d'Oriente, ossia carriera militare anedotica del Cavalier Bartolomeo Bertolini di Trento, scritta da lui medesimo,* Weis, Trieste, 1839, p. 276.

> avendolo circondato alcuni dragoni, dai quali però accortamente liberossi. In quel punto i due campi erano frammischiati e si pugnava ad arma bianca. Io mi ritrovava a combattere corpo a corpo contro un ufficiale nemico. Destri e micidiali erano i di lui colpi ch'io cercavo di parare. Inquieto per la lunga sua resistenza gli portai il ferro al petto, nel mentre che mi scagliò un fendente da cui mi liberai percuotendolo in una mano, ed obbligandolo ad abbandonare l'arma. Abbenché ferito non gli mancò il coraggio e la prontezza di riprenderla e slanciarsi impetuosamente sopra di me intimandomi che mi dessi per vinto. Con fermezza me gli rivolsi, ma intanto un suo compagno mi assalì guadagnandomi la sinistra.[34] Spronai il mio cavallo a dritta[35] ed impadronitomi della sinistra dell'assalitore, gli scagliai un colpo di punta, ove il braccio si congiunge alla spalla,[36] ed il passai da parte a parte. Mentre quello versava col sangue la vita, venni sorpreso da alcuni altri, uno dei quali mi vibrò un colpo si violento che mi spezzò l'elmo. M'avventai allora contro lui e con un colpo di pistola lo feci cadere estinto. Raggiunto frattanto dai compagni agevolmente col loro aiuto mi liberai dagli altri.[37]

Dopo l'assedio di Crête-à-Pierrot, il Maestro fu riassegnato in Francia, ebbe l'occasione di partecipare a combattimenti navali lungo la via:

---

[34] Quando si combatte a cavallo, si vuole evitare che l'avverario ci attacchi dal lato delle redini.

[35] Penso che Bertolini abbia girato in senso antiorario.

[36] I tiratori di carabina usano questo punto per poggiarvi il calico dell'arma.

[37] *Il veterano d'Oriente, ossia carriera militare anedotica del Cavalier Bartolomeo Bertolini di Trento, scritta da lui medesimo,* Weis, Trieste, 1839, pp. 459-460

> Il tuonare assordante delle batterie, l'incessante rumore della moschetteria, il martellare dei brandi e delle scuri, il continuo battere dei tamburi, le imprecazioni e le minacce frammischiate ai gemiti ed ai lamenti, le invocazioni di soccorso dei feriti e di quelli che naufragavano, facevano eccheggiar l'aria, incutendo terrore negli animi più coraggiosi. Le nemiche navi con impeto sempre urtavano le nostre, che venivano quasi rovesciate. Mentre alcuna dovette cedere all'impeto irresistibile. Per compiere l'opera sanguinosa, si diè mano ai pezzi da 36 e da 48, quali non sembrando pur sufficienti per sterminarci si adoperarono i mortai da bomba, le cui palle ove cadevano, portavano irreparabile rovina. Si venne in seguito ad un assalto. Le nostre piccole navi si spinsero, fino sotto ai bordi dei vascelli nemici, ed i guastatori e minatori, martellavano colle scuri e colle sciabole d'abbordaggio per rompere le tavole dei fianchi, procurando di calarli a fondo. In somma pria che fosse trascorsa la metà di quella tremenda giornata, il mare era coperto di vittime.[38]

Il racconto prosegue e penso valga la pena menzionare quest'episodio:

> Si combatté quindi disordinatamente attaccati bordo a bordo, finché riconosciuta dal nostro ammiraglio l'impossibilità di giungere al suo scopo, appiccò il fuoco alla nemica squadra, e manifestossi ben presto l'incendio, di cui noi pure partecipammo. Il quadro d'errore che si offerse allora agli atterriti nostri sguardi io non mi troverei in caso di descriverlo non vi essendo parole sufficienti. In questo scontro io rimasi ferito da un pezzo di mitraglia che mi spezzò la clavicola della spalla destra,

[38] *Il veterano d'Oriente, ossia carriera militare anedotica del Cavalier Bartolomeo Bertolini di Trento, scritta da lui medesimo,* Weis, Trieste, 1839, p. 606.

> cagione per cui dovetti in seguito servirmi della mano sinistra per ischermire.[39]

L'episodio è anche menzionato nel manuale di spada, per spiegare come mai Bertolini aveva padroneggiato la scherma con la mano sinistra, al punto da poter dare consigli su come affrontare un mancino, dalla prospettiva di un mancino. Nel 1805, il maestro dovette combattere ad Austerlitz, in seguito, fu impegnato nella campagna di Prussia, nel corso della quale combatté a Jena, Pultusk e Friedland.

Tempo dopo, Bertolini si unì all'armata italiana e combatté nella battaglia di Fontanafredda. Questa battaglia fu combattuta dai due strateghi più brillanti del tempo: Eugenio di Beauharnais, viceré d'Italia, e l'arciduca Giovanni d'Austria.

Dopo la battaglia di Wagram, il Maestro fu trasferito in Spagna, dove rimase per un breve periodo e fu coinvolto nell'assedio di Tarragona. Bertolini fu poi assegnato all'armata destinata alla Campagna di Russia, nella quale visse parecchie avventure.

In Russia Bertolini conobbe il principe di Scwartzemberg,[40] generale austriaco, impegnato nella campagna con Napoleone. Il generale era a capo della riserva e combatté, in seguito, contro i francesi, quando l'Austria decise di cambiare fronte. Questi particolari sono importanti perché il manuale di squadrone del 1844 è dedicato a "Federico di

---

[39] *Il veterano d'Oriente, ossia carriera militare anedotica del Cavalier Bartolomeo Bertolini di Trento, scritta da lui medesimo,* Weis, Trieste, 1839, p. 612.

[40] Karl Philipp, Principe di Schwarzenberg.

Schwarzenberg, duca di Krumau",[41] penso di tratti di Federico di Schwarzenberg, famoso soldato e scrittore, oltre che figlio del menzionato Carlo Filippo.

Bertolini era presente a Smolensk e Borodino, in seguito fu catturato dai cosacchi, dai quali riuscì a fuggire con l'aiuto di un nuovo amico: G.B. Rossi. Mentre il Maestro e alcuni suoi commilitoni erano alla ricerca di foraggio per i cavalli del reggimento, furono attaccati da un numero elevato di cosacchi. Combatterono fin quando fu possibile ma, alla fine, il nostro fu catturato.

Bartolomeo fu privato dell'uniforme e mandato in un campo di prigionia, nel quale la fame era la norma. La sua fortuna fu di essere riconosciuto da un giovane ufficiale russo che aveva ospitato in casa sua (il luogo nel quale risiedeva la moglie), quando era ferito, e al quale aveva trovato un medico. L'ufficiale russo rientrò in seguito nella sua armata. Riconosciuto Bertolini, lo presentò al suo generale, riferendogli come l'italiano lo aveva salvato, il generale quindi lasciò libero il Maestro, dandogli un salvacondotto.

L'ufficiale italiano attraversò quasi tutte le linee ma, quasi alla fine del viaggio, un cosacco strappò la lettera del generale e lo mise in un altro campo di prigionia.

La fuga da questo nuovo campo è avventurosa e vale la pena parlarne. Se non fosse fuggito, il Maestro sarebbe, con ogni probabilità, morto di fame e di stenti. G. B. Rossi da Rovereto, prigioniero anch'egli, si accordò con Bertolini al fine di fuggire con lui, l'ufficiale trentino avrebbe condotto

---

[41] *Trattato di Contrapunta scritto da Bartolomeo Bertolini, Cavaliere della Legione d'Onore, dedicato a S.A.S. Federico de Schwarzemberg, duca di Krumau,* Tipografia Weis, Trieste, 1844, copertina interna.

l'azione, mentre il Rossi avrebbe contribuito come poteva. Rossi disse:

> Tu pensa al modo di operare, che io seguirò il tuo volere: solo ti ricorda che se è in poter mio cosa che possa giovarti, altro non ho che un bene affilato coltello che tengo nascosto tra le vesti.[42]

Il solo contributo che l'amico del Capitano poteva fornire era destinato a essere la chiave della fuga:

> Formata così la nostra alleanza, mi posi al modo di conseguire la difficile impresa. Il recinto, nel quale ci trovavamo rinchiusi, era un vasto cortile quadrato; una triplice fila di sentinelle armate osservavano ogni più piccolo nostro moto ed avevano l'ordine di far fuoco addosso ad ogn'uno che avesse dato il menemo indizio di tentativo di fuga. Occorrendo ad alcuno di noi dover soddisfare ad alcun bisogno naturale, veniva staccata una guardia che lo accompagnava e lo riconduceva. In questa circostanza, io formai il mio piano; ed ecco come lo posi ad esecuzione.
>
> Mi feci dare dal Rossi il suo coltello a susta e gli dissi a bassa voce il modo col quale dovevamo regolarci e stemmo tranquilli aspettando l'ora opportuna. Giunte le ore undici della notte, chiesimo uniti al capo guardiano di poter uscire infingendoci d'averne d'uopo entrambi. Egli staccò un cosacco armato di carabina, perché ne scortasse, e così uscimmo dal recinto. Fuori dalla porta, mi volsi a parlare col cosacco dicendogli in russo le parole ad ognuno di noi ben note – Caro amico – ed avvicinandomi a lui. Egli con aspre parole mi respinse indietro, dicendomi più col gesto che con la voce che mi sollecitassi; un ugual ordine volle egli dare al mio compagno e, per ciò fare, si rivolse alquanto. Io allora,

[42] *La mia prigionia in Russia, racconto storico di Bartolomeo Bertolini da Trento, antico capitano di cavalleria, cavaliere della Legione d'Onore, attualmente in Brescia,* Venturini, Brescia, 1861, p. 166.

> ratto come il lampo, cogliendo il punto opportuno, gli immersi il coltello nel cuore. Cadde il soldato, mandando un sordo gemito, io, impossessandomi delle sue armi, presi il Rossi per mano e, così uniti, ci posimo a disperatamente fuggire, internandoci in una foltissima foresta che non era da noi molto distante.[43]

I due italiani dovettero camminare a lungo, prima di trovarsi fuori dal territorio ostile, e non sapevano dove dirigersi, non conoscendo la posizione dell'armata francese. La situazione era resa anche peggiore dalla mancanza di cibo e dall'ostilità della popolazione. I due giunsero in prossimità di un mulino, ancorato alla riva di un fiume con delle corde; non vedevano cibo da due giorni e pensavano ci potesse essere del pane nel mulino. Si avvicinarono all'edificio di legno e ne uscì il mugnaio, al quale i due chiesero aiuto o, meglio, del pane. Il mugnaio tornò nel mulino, dal quale uscì con dei rinforzi e una grossa corda, con la quale intendeva immobilizzare i due fuggitivi. Bertolini aveva la carabina del cosacco e, quando fu chiaro che il mugnaio non intendeva rinunciare ai suoi propositi, gli sparò; gli altri russi corsero a rintanarsi nel mulino. Era chiaro ai due italiani che queste persone avrebbero potuto dare la loro posizione ai cosacchi e farli arrestare. Il Capitano non desiderava assassinare delle persone a sangue freddo, trovati degli approvvigionamenti nel mulino, Rossi suggerì di legare il personale del mulino ma Bertolini aveva un'idea diversa:

---

[43] *La mia prigionia in Russia, racconto storico di Bartolomeo Bertolini da Trento, antico capitano di cavalleria, cavaliere della Legione d'Onore, attualmente in Brescia*, Venturini, Brescia, 1861, pp. 167-169.

> ...dato di piglio ad una scure, che vidi in un canto, me ne uscii fuor del mulino, e senza dirgli altro, cominciai a recidere la grossa fune, mediante la quale il mulino era raccomandato ad un grosso piuolo piantato sulla sponda del fiume. Pochi istanti dopo, quell'edificio galleggiava quale naviglio sulle acque e andava a loro seconda.[44]

Il Maestro vagò in territorio nemico circa un mese, prima di trovare l'armata francese. In questo tempo raccolse utili informazioni sulla forza e sui movimenti del nemico, queste informazioni erano talmente importanti che fu invitato a riferirle a Napoleone in persona:

> Sappiate che io più di ogni altra persona posso riferirli, poiché, in quel giorno medesimo sua Altezza il Vice-Rè d'Italia mi condusse al rapporto da sua Maestà Napoleone, nel Cremlino, acciò avessi a dargli un positivo ragguaglio sulle mosse fatte dalla nemica armata, avvenute nel tempo che io mi trovava prigioniero di guerra dei Russi.[45]

Quel giorno era il 24 settembre 1812 e il motivo per il quale il Capitano ne parla non è il suo incontro con Napoleone, quanto piuttosto il rapporto del principe Józef Poniatowski all'imperatore, che udì mentre attendeva di fare il proprio. A quanto ci dice il Capitano, questo principe polacco fu così coraggioso da dire a Napoleone in persona che la campagna di Russia sarebbe stata un fallimento, se non avesse abbandonato Mosca (la quale era andata in fiamme e non poteva offrire alcun approvvigionamento) e

---

[44] *La mia prigionia in Russia, racconto storico di Bartolomeo Bertolini da Trento, antico capitano di cavalleria, cavaliere della Legione d'Onore, attualmente in Brescia,* Venturini, Brescia, 1861, p. 182.

[45] *Giorni d'Orrore, avventure particolari accadute al cav. Bartolomeo Bertolini di Trento, antico ufficiale di cavalleria, e ad alcuni suoi compagni d'armi, dal giorno 13 al 28 Novembre 1812, nella campagna di Russia, scritte da lui medesimo,* Antonelli, Verona, 1847, p. 77.

interrotto i negoziati con lo Zar (che stava, secondo Poniatowski, accordandosi con gli inglesi). Il generale polacco chiarì che rimandare la ritirata da Mosca avrebbe significato la distruzione dell'armata francese, perché i Russi, conoscendo il loro territorio, avrebbero potuto lanciare repentini attacchi di cavalleria lungo tutto il percorso. Il principe insistette affinché Napoleone concentrasse l'armata presso il Dnepr e si preparasse alla difesa, fino a primavera, in modo da impedire all'alleanza russo – britannica di annientare l'armata francese, mentre era in movimento in inverno. Questa è un'importante testimonianza storica ed è per questo che l'ho inclusa.[46]

Se Napoleone avesse creduto a Poniatowski o al rapporto di Bertolini, il destino dell'armata sarebbe stato differente. L'imperatore decise altrimenti, così Bertolini fu coinvolto nella battaglia di Malojaroslavec, 24 ottobre 1812, e negli scontri di Krasnoi, 15 e 18 novembre dello stesso anno, durante la disastrosa ritirata dell'armata verso Ovest.

Val la pena menzionare un atto di eroismo, al quale partecipò Bertolini durante la ritirata: a Marienwerder, Prussia, il principe Eugenio fu circondato dai cosacchi e rischiò la cattura; a questo punto, un gruppo di dragoni, tra i quali il Maestro, caricò il nemico, liberando il principe. Questo fatto è attestato dalla documentazione militare, allegata al "Veterano d'Oriente".[47]

---

[46] *La campagna di Russia e il tramonto di Napoleone (1812-1815)*, Mondadori, Milano, 1940, p. 386.

[47] *Il veterano d'Oriente, ossia carriera militare anedotica del Cavalier Bartolomeo Bertolini di Trento, scritta da lui medesimo*, Weis, Trieste, 1839.

Da questa documentazione apprendiamo anche che il Capitano, durante la battaglia di Maloyaroslavets, piazzò sei cannoni sulla riva sinistra del fiume Luja, coprendo la ritirata del Quarto Corpo che era la retroguardia della grande armata. Bertolini non spende molte parole, su questi episodi, nel libro "La Campagna di Russia", tuttavia, nei capitoli finali parla del valore delle forze italiane che permisero la ritirata dell'armata, fungendo da retroguardia.

Durante la ritirata da Mosca, 15000 italiani fronteggiarono 120000 russi, per consentire la ritirata di due divisioni francesi. L'episodio fu menzionato da Sir Robert Wilson (commissario inglese al quartier generale russo), che Bertolini cita:

> Durante la mia carriera militare non mi sono mai trovato ad un fatto simile; ad una battaglia, cioè, in cui le forze avversarie fossero dieci contro uno, e quest'uno ne uscisse con tanto onore. Battaglie come queste non possono confrontarsi che a quelle dei giganti, di cui parlano gli antichi miti.[48]

Sulla via verso l'Occidente, Bertolini ebbe un serio litigio con un ufficiale nella città di Glogau, allora in Prussia. Lo scontro nacque dal fatto che il Maestro aveva bisogno di un riparo per sé e la consorte, ma l'ufficiale pensava che Bertolini fosse fuggito dal suo reggimento, il che era falso. Il Capitano strillò all'ufficiale, che estrasse la spada e attaccò; fu uno scontro breve, infatti Bertolini lo colpì al fianco e lo lasciò per morto. Può essersi trattato di una punta d'arresto, di una fianconata o di una risposta di taglio al fianco dopo una parata, non c'è modo di saperlo per certo. Il Capitano dovette trovare degli abiti civili e

---

[48] *La campagna di Russia e il tramonto di Napoleone (1812-1815)*, Mondadori, Milano, 1940, p. 386.

fuggire dalla città, cosa che fece scalando le mura con una fune. Il maggiore di Glogau emise un mandato di cattura e Bertolini dovette evitare tanto le truppe nemiche quanto quelle amiche. Fu catturato ma fuggì di nuovo, facendo ubriacare i soldati della scorta. Bertolini raggiunse Milano, facendo tappa anche a Dresda e Augusta, passando dal Tirolo viaggiò in compagnia di alcuni vecchi commilitoni. Da Milano si spostò a Lodi, dove si trovava il suo reggimento.[49]

Bertolini trascorse del tempo a Lodi, dove rimase inattivo, con suo dispiacere. In questo periodo, Napoleone fu sconfitto e *"si ritirò all'Isola d'Elba"*, come ci racconta il Maestro.[50] Napoleone lasciò l'isola dopo circa dieci mesi e a Marzo era di nuovo in azione. La notizia comparve sui giornali e Bertolini, come altri ufficiali, ricevette il proclama dell'imperatore all'esercito. Dato che il principe Eugenio aveva disperso l'esercito, dopo essere stato messo in difficoltà dagli austriaci nella Battaglia del Mincio (1814), e le notizie su Napoleone lo davano per reinsediato vittoriosamente a Parigi, ogni soldato dell'armata italiana dovette decidere autonomamente come comportarsi. Bertolini e i suoi amici si recarono a Milano, dove non riuscirono a ottenere un salvacondotto per la Francia, decisero quindi di prendere la via di Como, evitare la città e inoltrarsi sulle montagne della Svizzera. Il Capitano e i compagni giunsero a Parigi a Maggio, alla ricerca di generali che fossero dalla parte di Napoleone e questi non mancavano, dato che molti ufficiali erano stati promossi, per ovviare alla mancanza di comandanti. Nessun generale

---

[49] *La campagna di Russia e il tramonto di Napoleone (1812-1815),* Mondadori, Milano, 1940, pp. 330-350.

[50] *La campagna di Russia e il tramonto di* Napoleone (1812-1815), Mondadori, Milano, 1940, p. 352.

italiano si trovava dalla parte dell'imperatore, Bertolini fece rapporto al generale Soult, sostituto del generale Berthier (che serviva Luigi XVIII). Pochi italiani si erano uniti all'armata e un "esercito italiano" non si poteva organizzare, esisteva la possibilità di unirsi al generale Souchet in Savoia ma Bertolini e i suoi compagni pensavano che, così facendo, non avrebbero partecipato a nessuna azione, mentre la loro intenzione era combattere. Consideravano i francesi fratelli, al pari degli italiani, e chiesero di essere assegnati a un'unità qualsiasi, purché fosse di prima linea. Furono assegnati al reparto di cavalleria del generale Pajol.

L'armata crebbe rapidamente da 80000 a 400000 uomini, perché l'imperatore richiamò alle armi tutti i soldati che poté radunare. Nel frattempo, Murat fallì nel tentativo di cacciare gli austriaci dall'Italia settentrionale. La settima coalizione era pronta a schiacciare la Francia e Napoleone voleva organizzare una strenua difesa, contando sulle fortificazioni francesi, ma si fece convincere dai suoi generali, a quanto Bertolini ci dice, a un attacco preventivo. La prima battaglia, Fleurus, fu un successo e i francesi respinsero i prussiani. Secondo il Capitano, gli ordini di Napoleone non furono eseguiti correttamente e l'ala sinistra prussiana non fu attaccata, Bertolini ritiene che, se l'attacco fosse stato portato a termine, Wellington non avrebbe avuto alcun aiuto dai prussiani e non avrebbe osato combattere a Waterloo.[51]

Il Maestro fornisce un resoconto della battaglia di Waterloo ma non menziona il ruolo che ebbe in essa, piuttosto, fornisce un quadro strategico – militare degli eventi e incolpa il generale De Grouchy della sconfitta. Il generale,

---

[51] *La campagna di Russia e il tramonto di Napoleone (1812 – 1815),* Mondadori, Milano, 1940, p. 368.

ci dice Bertolini, era in ritardo di quattro ore e Napoleone dovette combattere senza il fianco destro dell'armata.

Il Maestro non ha scritto un libro sulla sua vita dopo il 1815 ma esistono comunque alcune notizie riguardanti questo periodo.

Le idee politiche di Bertolini non erano per nulla apprezzate nell'impero e, secondo Ettore Fabietti, fu proprio la polizia austriaca a mandarlo a Graz, intorno al 1830, per via delle sue idee "incorreggibili". Chiaramente, il Maestro poteva rappresentare un avversario per l'impero austriaco ed era più conveniente tenerlo lontano dall'Italia, dove sarebbe potuto entrare nella trama delle società segrete e diventare una minaccia. Vale la pena accennare al fatto che il Congresso di Vienna fu seguito da diverse stagioni di moti di una certa rilevanza, nel periodo tra il 1820 e il 1848, la polizia austriaca teneva quindi costantemente sotto controllo le persone potenzialmente pericolose.

Bertolini aveva ora un serio problema: guadagnarsi da vivere in qualche modo. La guerra era finita e avrebbe avuto diritto a un vitalizio, se il suo schieramento avesse vinto. Probabilmente, questo è il motivo per il quale Bertolini si dedicò all'insegnamento della scherma come professione. Nel manuale di sciabola,[52] il Maestro asserisce di aver insegnato sciabola a Graz per un lungo periodo.[53] Lasciò Graz, per recarsi a Trieste, nel 1836, qui riaprì la sala di scherma e addestrò diversi valenti schermidori.

[52] *Trattato di Sciabola,* Weis typography, Trieste, 1842, p. 85.

[53] *Trattato di Sciabola,* Tipografia Weis, Trieste, 1842, p. 85.

> Francesco Wallop, Giuseppe Ambonetti, Francesco Dubbane, dottor Michele Hantschl, Demetrio Chaudoin, Giovanni Gattorno, dottor Federico Mauroner, dottor Pietro Campiutti da Udine, signor Konow, Giuseppe Pavia, Drago Popovich, i fratelli Gazzoletti, Francesco Ragazzi, Teodoro Boisdechesne, dottor Jenny, Bartolomeo Streiff, signor Jeralla, dottor Gionanni Battista Princivalli, i signori fratelli Enrico and Giuseppe Hirschberg.[54]

A Trieste Bertolini iniziò a pubblicare libri e manuali, questi scritti potrebbero essere parte della sua strategia di sopravvivenza economica. La censura austriaca avrebbe potuto rappresentare un serio ostacolo alla pubblicazione degli scritti del Maestro, che sono, prima del 1861, ricchi di elogi per l'imperatore austriaco e altre personalità di rilievo nell'impero. Le persone alle quali i trattati sono dedicati non sono scelte a caso, si tratta di personaggi che avrebbero potuto essere d'aiuto a un veterano delle guerre napoleoniche. Il manuale di sciabola, pubblicato nel 1842, è dedicato a Ettore Lucchesi Palli, marito di Carolina di Borbone, figlia di Francesco I, re delle Due Sicilie. Nell'introduzione del manuale, Bertolini dice di essersi inchinato di fronte a lui a Graz.

Nel 1844, sempre a Trieste, Bertolini pubblicò altri due manuali, uno sullo squadrone e uno sulla spada.[55] Come si è detto in precedenza, il manuale di squadrone è dedicato a Federico di Schwarzenberg, imparentato con un generale che combatté con e poi contro Napoleone. All'epoca della campagna di Russia, il generale stava combattendo a fianco dei francesi e il manuale di squadrone, per quanto

---

[54] *Trattato di Sciabola,* Tipografia Weis, Trieste, 1842, pp. 86-87.

[55] Val la pena menzionare il fatto che la dedica del manuale di spada è stata scritta a Venezia, il 21 Aprile del 1843.

contenga elogi delle autorità austriache, contiene non poche memorie del periodo napoleonico. Nella sezione riguardante il combattimento a cavallo, un dragone che si direbbe italiano (o francese) sconfigge con lo squadrone un cosacco armato di lancia così come, in seguito, sembra infilzi un ussaro austriaco.

T. IX.

Queste immagini come il resoconto della battaglia delle piramidi, durante la quale, secondo Bertolini, l'arte schermistica portò la vittoria e coprì di gloria l'armata francese, mostrano che il Maestro non si era affatto liberato del suo passato.

L'edizione che ho consultato, della seconda parte delle memorie militari del Capitano: *Giorni d'Orrore, avventure particolari accadute al cav. Bartolomeo Bertolini di Trento*, è stata pubblicata a Verona nel 1847, non a Trieste come i manuali di scherma. La terza edizione di *La mia prigionia in Russia* fu pubblicata nel 1861, nell'anno dell'unificazione, quando Bertolini si trovava a Brescia.

Nel 1863, Alessandro Manzoni scrisse al Maestro la lettera che segue:

> Pregiatissimo sig.r Cavaliere,
>
> Rispondo con piacere al di Lei invito, esprimendole il vivo interesse che ho provato nel leggere il racconto della sua prigionia in Russia. Il valore mostrato e i patimenti durati nelle guerre napoleoniche dai soldati italiani, de'quali Ella è probabilmente il più antico veterano, se non potevano avere il grande e incomparabile scopo di dar vita e unità (che è il medesimo) all'Italia, produssero però l'effetto pur grande e prezioso di far vedere che a quel valore e a quella costanza non erano fino allora mancate che le occasioni. E tra gli stimoli che mossero il nerbo della nuova generazione italiana a tanti fatti gloriosi e ben altrimenti fecondi, non si può non contare la memoria recente e la viva presenza dei superstiti di quelli per cui l'Italia, dopo tanto tempo, riprincipiò a avere una storia militare; di maniera che i più diradati che ancora ne rimangono, e de'quali Ella è parte, possono dire: Anche noi abbiamo combattuto e sofferto per l'Italia. Dio conceda a Lei e a me, che la seguo da non lontano negli anni, di vedere il compimento della grande impresa.[56] E insieme con l'augurio, La prego di gradire i miei distinti complimenti.
>
> Suo dev.mo obb.mo servitore
>
> Alessandro Manzoni.

---

[56] E' da notare che, nel momento in cui la lettera fu scritta, non tutto il territorio della penisola era parte del Regno d'Italia.

Bartolomeo Bertolini morì il 23 gennaio 1871, sulla sua lapide si legge:

BARTOLOMEO BERTOLINI

CAPITANO DELL'IMPERO FRANCESE

CAVALIERE DELLA LEGION D'ONORE

DECORATO CON LA CROCE DELL'ORDINE DELLE DUE SICILIE

E CON LA MEDAGLIA AL VALORE DI SANT'ELENA

FU PRODE SOLDATO NELLA VANDEA A S. DOMINGO IN EGITTO

AUSTERLITZ RAAB WAGRAM

E FINALMENTE NELLA SPEDIZIONE DI RUSSIA

SULLA MOSCOVA E WATERLOO

VISSE 105 ANNI

NON SMENTÌ MAI IL SUO CARATTERE GUERRESCO

NELLA FEDE IN DIO ONNIPOTENTE

IL 23 GENNAIO 1871 SPIRO'

LA DESOLATA CONSORTE MARIA NATA ROSSINOVICH

A PERENNE MEMORIA D'AFFETTO

CODESTA LAPIDE BAGNATA DI PIANTO

QUI POSE

Avvertenza sulle note di questo capitolo

Le note aggiunte a questo capitol sono mie e non fanno parte del manual originale, le ho aggiunte per agevolare la comprensione del testo.

Trattato Di Sciabola

Di Bartolommeo Bertolini di Trento

Cavalier della Legion d'Onore

Dedicato a sua Eccellenza il Conte. Ettore Lucchesi Palli-Poniatelli d'Aragon,
dei Principi di Campofranco e Duchi della Grazia

Trieste

dalla Tipografia Weis

1842

ECCELLENZA!

Quando la sorte mi procurò l'alto onore di inchinare in Gratz l'Eccellenza Vostra, e di conoscere da vicino le splendide virtù che Vi adornano, nacque in me vivissimo il desiderio di rendere pubblici si qualche modo quei profondi sensi di stima, e di gratitudine, che né spazio, né tempo varranno a cancellare dal cuor mio. E però ora, che m'accingo a dare in luce un breve TRATTATO DI SCIABOLA *frutto di lunghissima pratica, e di ripetute osservazioni, mi prendo l'ardire di offrirvelo, dacché a nissuno meglio che alla Eccellenza Vostra si conviene un libro destinato a promuovere quegli esercizi cavallereschj, in cui Voi siete così destro, e sicuro. — È una povera, cosa -ma è tutto quello che Vi può dare l'umile vostro servo, il quale si crederà felice abbastanza, se Voi vi compiacerete onorare d'un guardo benevolo le sue fatiche, ed accoglierle sotto l'egida del Vostro possente patrocinio.*

Aggradite, Eccellentissimo, il tributo del Veterano d'Oriente a Voi da lunghi anni devoto, e continuando a battere quella carriera di gloria, da cui fu cotanto illustrato il nome, Vostro, degnatevi accogliere i voti e gli auguri, con cui vi accompagno da lontano nell'atto, che pieno del più vero ossequio, e della più sentita venerazione ho il vantaggio di dirmi

Dell'Eccellenza Vostra

Umiliss. Devotiss. Ubbidientiss. Servo

BARTOLOMMEO BERTOLINI

CAVALIERE DELLA LEGION D'ONORE

Al signor Bartolommeo Bertolini Cavaliere della Legion D'Onore

Gratz li 28 Gennajo 1842

L'opera, che avete la compiacenza di dedicarmi, è di pieno mio aggradimento.

L'utilità de' precetti che sopra la scuola della sciabola voi proponete, e la maniera in cui li esponete mi pajon degni d'ogni encomio e spero che egual lode vi sarà accordata da' conoscitori dell'arte.

Con grande soddisfazione accetto la Dedica dell'opera vostra, e desidero che le vostre fatiche sien coronate da pieno successo.

Ringraziandovi intanto sinceramente, vi prego di credermi

Vostro Obbligatissimo Servo

Il Conte ETTORE LUCCHESI – PALLI DI CAMPOFRANCO.

Prefazione.

Fra i multi trattati e teorie che abbiamo della scherma a punta, o manchiamo affatto di un buon ammaestramento di sciabola, o non ne abbiamo una teoria completa e soddisfacente. Io tentai di sopperire a questo bisogno, raccogliendo in pochi e chiari precetti tutto quel di meglio che cinquant'anni di studio, di esercizio, e di insegnamento mi misero alla portata dio conoscere, e facilitando l'istruzione con alquanti disegni di abile artista rappresentanti i principali colpi di parata e di offesa.

Stimo, che l'opera mia sia per riescire a doppio titolo utile e ricercata: prima per la scarsezza, che sopra notai, di trattati relativi alla sciabola; secondariamente perché a' nostri giorni il giuoco della sciabola, sen non la vince in perfezione e bellezza sopra quello della punta, è per lo meno più comune ed usitato, stante la minore difficoltà dello apprenderlo, e la maggiore pratica utilità.

La chiarezza fu il mio principio scopo io mi sono prefisso di dare una teoria di tanta evidenza, che colla scorta del mio libro, e coll'assistenza di poche lezioni possa la gioventù rendersi famigliare un esercizio cotanto nobile vantaggioso, dal quale non solo vengono accresciute le forze, e rilevate le bellezze del corpo, ma viene ben anche rinvigorito il sentire, e comunicata maggiore energia allo spirito.

Lo studio dell'armi formò in ogni tempo la più maschia e la più nobile delle occupazioni: ed adesso pure si rende necessario ad onta della lunga pace, che le provvide cure de' regnanti Monarchi assicurano all'Europa. Il bisogno di prepararsi nella pace alla guerra, e quello di impedire che i benefici della quiete e del riposo ammolliscano troppo le membra, e gli spiriti, mostrano luminosamente la convenienza, e l'utilità di questo esercizio anche nelle attuali circostanze; e ciò rapporto al pubblico bene. Quanto al privato vantaggio basti accennare, che la scherma é la prima, la più antica, e la più virile di tutte le arti cavalleresche, e che non si può dire perfetta una educazione, a cui manchi l'ornamento di questa indispensabile abilità.

Epperò mio libro si raccomanda di per sè stesso alla colta e gentile gioventù: in esso non lusso di stile e non di peregrine cognizioni, che sarebbe stato assai fuori di luogo, ma brevi e precisi ammaestramenti dettati da una pratica ininterrotta di mezzo secolo: senza di cui la teoria non potrebbe riuscire né esauriente, né precisa, né vera.

Aggradite, o colti giovani, il libretto che vi offre l'antico militare italiano nella speranza e nel desiderio di potervi essere utile colla parola anche quando la vecchiezza e la morte gli impediranno di esserlo coll'opera; e vivete felici.

Parte Prima.

CAPITOLO

L'Idea della scherma e conoscenza della lama.

Introduzione

Ecco ch'io vengo come già da lungo mi sono proposto, a dare al pubblico un trattato di scherma, relativo alla scuola della sciabola, nel quale procurerò di mantenere l'ordine il più naturale affinché. riesca più ovvio e di maggiore utilità pratica.

Comincierò pertanto dal darvi una piccola idea del significato della scherma, e progredirò collo stesso sistema ad esporsi le qualità e proprietà della sciabola, che è l'arma di cui prendo a parlare.

La scherma è un'arte che insegna a difendersi contro gli attacchi dell'armi avversarie, e a rendere vani i colpi che ci Vengono portati; essa abbraccia quindi non solo l'idea della difesa, ma quella ancora dell'offesa. Il celebre signor de Angeli autore dell'Enciclopedia, non senza fondata ragione la onorò del titolo di scienza a cui può essere ridotta.

Il maneggio della sciabola non è meno interessante di quello della spada ed anzi è più facile ed usitato.

Descrizione della sciabola

La sciabola è un'arma curva d'acciajo che ferisce di taglio, e rade volte di punta. È formata da due parti principali, lama e guardia, quali in altre minori si suddividono.

Forma della lama

Per lama intendesi quel tratto di ferro con cui si ferisce e si parano i colpi che l'inimico procura di scagliarci. La forma delle lame non sempre eguale diversi essendo gli artefici che le fabbricano, ma d'ordinario hanno una figura leggermente curva, meno le turche, di cui si dirà in appresso.

Divisione delle lame

Io divido le lame in tre classi: prima la lama turca di straordinaria curvità, e tale che appena si comprende come possa servire per l'offesa, ma la sua tempra è delle migliori; seconda quella delle scanellate nel mezzo di molta durata e più facili al maneggio essendo di natura assai leggiera; e terza quella delle lame che hanno nel mezzo una costa a guisa di spadone, da cui le distingue la sola curvità. Queste sono opportunissime ad adoperarsi nei più arrischiati cimenti.

La lunghezza della lama è comunemente di circa 36 pollici, non compresa la spica che serve a congiungerla solidamente colla guardia, ma ve ne sono però di più corte, delle quali ometto di parlare.

Larghezza della lama

La larghezza della lama dal forte al centro è ordinariamente di circa due pollici, che dal centro poi si diminuisce a misura che si abbassa verso la punta.

Tempra dell'acciajo

La tempra dell'acciajo dev'esse finissima, la lama elastica di modo che allorquando sia stata piegata, riprenda da sé la forma sua naturale; ed inoltre sarà qualità specialmente da ricercarsi, ch'essa resista agli urti fortissimi di altra sciabola.

Il saper conoscere le qualità d'una lama è cosa necessarissima ed indispensabile, massime per quelli che al nobile esercizio della scherma amano di dedicarsi.

Non tralascierò di comunicarvi su tale proposito tutte quelle cognizioni che un lungo esercizio mi somministrò.

La prima cosa che dovete osservare sarà che la lama esca da una delle più rinomate fonderie, quali sono quelle di Solingen, o del defunto Crivelli, il quale ebbe il privilegio per aver ritrovata la maniera di fabbricare sciabole di tutta perfezione da paragonarsi a quelle di Damasco.

Saranno pur buone le sciabole di Daniele Fischer; del Crocefisso d'Alemagna, di Paolo Landi e di Klingenthal.

Qualità della lama

Le qualità che devono ritrovarsi nelle buone lame sono le seguenti: la finezza della tempra che si rileva dal colore e dal suono che manda la lama qualora essendo sospesa venga percossa con qualsivoglia metallo. Inoltre deve intaccare qualunque ferro non temperato senza che nel suo taglio si ravvisi perciò alcun danno. Dovrà piegarsi appoggiandone la punta a terra e formerà nell'ultimo punto della sua graduazione una piccola curva, che nel restante della lama non devesi ravvisare.

Se mancasse di tutte queste prerogative si renderebbe affatto inutile specialmente negl'incontri nei quali l'uomo ne ha maggior bisogno.

Si osservi che le lame d'un celebre fabbricatore sono marcate sopra l'ultimo punto del *forte*.

Non si deve mai esporsi ad un combattimento se prima non si conoscano le qualità della propria arma, dipendendo in gran parte da questa la nostra sicurezza. Vi parlerò ora della graduazione della sciabola.

Gradazione della sciabola

La sciabola si suppone divisa in tre parti; la prima dalla guardia al centro, che si chiama il *forte*; la seconda è il *punto centrale*, che è meno forte, e la terza dal centro alla punta chiamata il *debole*.

Siavi di norma che se due sciabole si ritrovassero congiunte e che voi aveste il forte sul debole dell'inimico, la vostra forza sarà sempre maggiore di quella dell'avversario per quanto robusto egli potesse essere.

Nei molti autori che ripassai trovo, che i napolitani furono i primi ad avvedersi che nella guardia abbisognava un punto fortissimo per resistere agli urti della sciabola ostile, per cui eglino istruirono di ciò i fabbricatori da cui furono portate le sciabole alla perfezione attuale.

Di ciò tanto più mi convinco poiché avanti circa trent'anni avendo amicizia con certo Antonio Gaggini celebre maestro napolitano istruttore dei Dragoni della guardia reale italiana, costui mi fece le mille volte con fondatissime ragioni conoscere ed esperimentare di quanta utilità sia tale precauzione.

La sciabola dunque deve esser bene assicurata da una solida guardia perché regga agli improvvisi colpi che un accorto nemico potesse vibrare, e garantisca inoltre la mano da certi naturalisti che sogliono spesseggiare gli attacchi alla mano od al braccio.[57]

---

[57] Bertolini intende schermidori improvvisati che mulinellano a ripetizione. Vedremo che, contro costoro, è importante

Della guardia della sciabola

La guardia deve essere proporzionata al peso della lama, e così bene equilibrata da potere con facilità maneggiare l'arma. Il punto del suo equilibrio deve essere dai cinque ai sei pollici dopo la guardia, o per meglio spiegarmi dopo il punto ove finisce la lama. Per formare l'impugnatura la lunghezza del manico sarà di circa cinque pollici, acciò qualunque mano possa esservi capita senza veruna difficoltà.

mantenere la distanza e colpire di manchette con precisione o, con la spada dritta, portare una stoccata in opposizione.

CAPITOLO II

Maniera d'adoperare la sciabola e del tempo.

Nel passato capitolo parlai delle proprietà della sciabola, in questo credo opportuno d'indicarvi la maniera d'adoperarla.

Delle azioni in generale

Siavi adunque noto che qualunque azione che viene praticata per offendere è denominata azione d'attacco. In generale le azioni vengono considerate dai loro effetti; saranno d'offesa, se non avranno altro oggetto che di colpire, o di difesa quando lo schermitone rimanga immobile intento solo a parare i colpi nemici.

Vi sono delle false azioni colle quali s'invita l'inimico ad attaccare. Riguardo ad esse conviene star attento che un furioso nemico non v'inganni con qualche colpo di tempo, locché potrebbe accadere con tutta facilità. In generale per evitare ogni simile pericolo, sarà bene che stiate un poco fuori di misura, che così potrete anche scoprire la volontà dell'avversario.

Principi generali che regolano l'esecuzione delle azioni

Ed eccomi ai principj generali sopra i quali si regola l'esecuzione di qualunque azione, e che possono riguardarsi come le basi fondamentali di questo studio.

Allorquando vi ritroverete di fronte al nemico, dovrete avere una guardia non troppo lunga, ma ben raccolta e la punta della sciabola un poco inclinata all'infuori per esser pronta alla difesa; il braccio destro allungato in avanti, nella quale attitudine sarete in linea retta, ed avrete l'idea della linea offensiva così denominata, perché dietro la stessa si dirigono tutte le azioni, che possono farsi da voi come dal nemico.

La misura

La misura è cosa essenziale che gli schermitori devono conoscere, dacchè rinserrandola e dilatandola a tempo, potranno avvicinarsi all'inimico e colpirlo senza incontrare alcun pericolo. Siccome essa viene limitata dal punto del corpo nemico, perciò se si ritrovasse l'avversario col braccio feritore disteso, invece di tirargli o al petto od alla testa, dovrete cercare di ferirlo con un colpo al braccio, che si nomina colpo di *manchette* dall'indentro o all'infuori come più si presenterà l'occasione.

Se poi voleste avvicinarvi al nemico, quel movimento si denomina *guadagno di terreno,* e se vi vedeste incalzato ed obbligato a ritirarvi, questo moto viene indicato colla frase *togliere la misura all'avversario.* Ogni passo sia per avvanzare sia per ritirarsi dev'esser d'un piede e mezzo circa.

Nella scherma il *tempo* è quel momento favorevole che si coglie per iscagliarsi ed agire sul nemico senza incorrere pericolo d'essere dal medesimo colpito.

Delle azioni di tempo

Volendo conoscere le azioni di tempo bisogna considerare le sue proprietà delle quali vi farò in seguito spiegazione; per ora vi basti che quel momento di tempo che impiegate per render inutile l'azione del vostro avversario chiamavasi appunto *azione di tempo.*[58]

[58] Bertolini intende ciò che noi chiameremmo uscita in tempo, esempi tipici nel suo sistema sono la cavazione in tempo, il colpo d'arresto e il colpo in tempo al braccio.

CAPITOLO III.

Modo d'imbrandire la sciabola e della guardia.

Maniera d'imbrandire la sciabola

La sciabola viene imbrandita nella seguente maniera; le quattro dita formeranno una tenaglia contro il palmo della mano, il dito pollice disteso lungo il manico formerà un giusto punto d'appoggio, e servirà ben anche per dirigere con maggiore facilità il taglio; le altre dita stringeranno il manico della sciabola con la seconda giuntura, per così assicurare l'arma nella mano.

Questa maniera d'impugnare la sciabola è comoda per maneggiarla con facilità, ed è vantaggiosa, poiché unisce solidamente l'arma alla mano e facilita il mezzo di far delle finte e dirigere il taglio.

Vi sono molti i quali nell'agire lasciano cadere il pollice e lo uniscono alle altre dita, ma se volessero ben osservare, conoscerebbero che questo è un pregiudizio dei maggiori, per il motivo, che levando il pollice dal dorso dell'impugnatura non potranno più dirigere con facilità il taglio e perderanno quei vantaggj, che un favorevole momento può loro presentare in gran copia.

Della guardia

La guardia è una posizione assai importante che contribuisce a ben regolare tutte le azioni. Riguardo ad essa, primieramente conviene star dritti con tutto il corpo, cosicchè il petto sia rivolto verso quello dell'avversario, ed i piedi formando un angolo retto si trovino in linea paralella a quelli dell'inimico.

Guardia.

Ottenuta questa posizione, porterete la mano sinistra al fianco per tenere il corpo in profilo, dopodiché girerete il pugno in *terza* e la punta della sciabola verso il petto dell'avversario e passerete a fare il saluto, atto doveroso che devesi praticare in ogni Accademia per costume addottato dai nostri predecessori.

Del saluto

Nel salutare vi conterrete nel modo seguente: imbrandita avendo la sciabola ed essendo nella linea d'offesa saluterete il vostro competitore affinché sappia che vi disponete a combatterlo, indi vi rivolgerete alla parte in cui ritrovansi personaggi di conseguenza, e li saluterete in *quarta* od in *terza* secondo l'occasione, e finalmente saluterete all'altra parte tutti quelli che si ritrovano presenti, e dopo di aver nuovamente salutato il vostro avversario vi recherete in guardia, e da questo momento dovrete mettere in pratica tutto quel genio che la natura vi concesse per offendere l'inimico e sottrarvi In egual tempo alle sue offese.

Abbiate per massima generale d'esser cauto in ogni incontro, ed anche se vinceste il vostro competitore non ve ne gloriate, poichè potrebbero da ciò derivare disgustose conseguenze.

Ritrovandovi impegnato in un duello, dovrete essere munito d'un accorto secondante che sia istruito nel maneggio dell'armi[59] per ischivare inconvenienti da una parte e dall'altra.

Nello spogliarvi starete fuori di misura, e quindi, armata che avrete la destra, vi avvicinerete colla massima cautela al vostro nemico finché vi conoscerete in giusta misura, ed in seguito agirete con quell'accortezza che richiedesi in queste circostanze di tanto rilievo.

Qualità dei secondanti

Necessario è d'osservare, che i secondanti sieno uomini onesti, e coi quali non abbiate avuta mai veruna contesa, ritrovandosi spesse volte di tali, i quali nutrendo cert'astio approffitterebbero dell'esercizio per poter quindi far ricadere sopra di voi la più nera perfidia, e causarvi con ciò le più funeste conseguenze.

Continuerò a parlarvi della guardia, attitudine che tende a garantire il corpo dalla sciabola nemica, vietando all'assalitore d'avvicinarsi se prima non allontani il vostro ferro dalla linea d'offesa, e s'apra così un varco sicuro.

Nella sopra descritta posizione starete fermo sul piede sinistro e porterete il destro avanti circa un piede e mezzo,[60] il corpo seguirà il suo moto naturale, e la testa starà dritta girata alquanto a destra cosicché l'occhio sinistro domini la

[59] Un secondo esperto è una garanzia contro eventuali imbrogli.

[60] Nel manuale di squadrone la distanza tra i piedi diventa di due piedi

parte interna dell'avversario. Seguendo queste regole vi ritroverete ben composto in guardia.

Evidentemente dovrete regolarvi a tenore delle mosse che é per fare il vostro competitore.

Nella guardia che vi prescrissi riconoscerete, che tutto il vostro corpo ritrovasi in atto sicuro di difesa, perché se l'avversario trasportato da un pazzo furore, volesse colpirvi senza prima disviare la vostra sciabola, rimarrà egli stesso colpito, con quella velocità medesima con cui si è mosso contro di voi.[61]

L'esperienza è la guida più certa che ha insegnato agli uomini il sentiero della verità, ed essa dimostra agli schermitori la necessità di tenere il braccio destro in avanti. Conviene prendere in considerazione il vantaggio, che produce una tal posizione, e per maggiormente convincervi dovete osservare che prima para i colpi più in distanza, e poi la vostra sciabola é sempre più vicina al nemico, impedindo in tal modo ch'egli agisca con facilità sopra di voi, ed in conseguenza lo spazio che dovrete percorrere per l'offesa sarà più breve vi riesciranno pur anche i tempi più facili per colpire l'inimico senza esporvi a verun pericolo.

Opinioni diverse sopra la guardia

Molti schermitori ritrovansi, che vogliono addottare una differente guardia per migliore; alcuni persuasi dalle plausibili ragioni del maestro si rimettono al giudizioso suo parere, ma molti pretendono, essere la miglior guardia quella a cui il nostro genio inclina maggiormente, dalla quale opinione io non sono lontano.

---

[61] Si tratta di un colpo d'arresto di punta, facilitato dalla punta tenuta sul bersaglio valido nella guardia.

Sopra tale argomento vi accenennerò i sistemi di vari personaggi che si distinsero e che sono al giorno d'oggi celebri nel maneggio della sciabola.

Il nobile signor Conte Massimiliano Dorsay espertissimo nella sciabola, conoscendola non solamente in pratica, ma distinguendosi ben anche con teorici giudiziosi consigli, allorchè s'incontra in accorti competitori si pone nella sua perfetta guardia con quella naturale posizione, che mette alla portata di percorrere pochissimo spazio per offendere l'avversario, e nell'ugual tempo per garantirsi dai suoi attacchi, riuscendo mirabilmente al suo scopo.

Se di questi io parlai come di uno tra i più valenti nel maneggio della sciabola, non debbo passare sotto silenzio alcuni altri miei allievi, che esperti si sono resi mediante la retta applicazione delle mie lezioni.

Tali sono il signor conte Adolfo de Wagensberg, il sig. barone Giuseppe Pino de Friedenthal, il signor capitano Frissman attualmente nell'i. r. reggimento baron Wimpffen, il nobile signor Timoleone Brambilla uno dei più rinnomati in quest'esercizio che vanti Milano, il sig. conte Dembrowski, il nobile signor Giorgio Sweighoffer, il sig. Gioacchino Bellezza[62] presentemente maestro nell'i. r. reggimento dragoni Piemonte reale di sua maestà il re di Sardegna, ed il signor capitano Turckowich all'i. r. reggimento ussari un tempo Baron Frimont, quali tutti si sono distinti e tuttor si distinguono in si nobile arte.

---

[62] Potrebbe trattarsi del Giacchino Bellezza messosi in luce nel corso della prima guerra d'indipendenza e, in seguito, divenuto maestro di scherma alla Regia Accademia Militare di Torino.

Ma di troppo annoierei il cortese lettore se enumerare pretendessi tutti i molti miei allievi riesciti valorosi tiratori di sciabola, mentre torrei la brevità proposta al mio trattato.

Vantaggi del tempo

Osserverò qui, che uno schermitore deve essere ben anche perfetto conoscitore del tempo per ritrarre tali vantaggj dalla sua guardia, quando gli si presenta occasione favorevole, mentre se voleste cogliere un tempo per offendere l'inimico, oppure il medesimo si scomponesse e vi offrisse campo ad offenderlo, questo momento di tempo deve essere afferrato colla maggior celerità, dal che apparisce addottabile la guardia sopra indicata che giace in equilibrio, dalla quale ricavare si possono senza fatica moltissimi vantaggi.

Ora passerò a descrivervi le azioni onde darvi un'idea dei principj, sopra i quali si fonda la teoria regolatrice della scherma.

CAPITOLO IV.

Dei due fendenti, cioè dritto e sinistro.

Ho già nel passato capitolo accennato, che le azioni che si mettono in pratica sono di diverse maniere si distinguono in più classi. Incomincierò qui a parlarvi di quelle colle quali direttamente si colpisce l'inimico senza incorrere pericolo d'esser colpito da lui.

Del sinistro fendente

Quando sarete ben composto in quella guardia che crederete la più perfetta, starete guardingo sulla linea d'offesa per colpire inimico col mezzo del vostro sinistro oppure dritto fendente, che portano tale denominazione, per l'effetto che fa la sciabola nell'agire, la quale, se vorrete eseguire il sinistro, farete passare rasente la vostra spalla sinistra allungando il braccio, nella qual attitudine il pugno prenderà naturalmente la posizione di *quarta*, ed il taglio della vostra arma si dirigerà al capo nemico.

Questo movimento abbenchè senza complicazione pure è assai difficile da porsi in pratica.

Del dritto fendente

Havvi poi il dritto fendente; e per eseguirlo girerete la sciabola lungo la vostra spalla destra, e contenendovi colle indicate regole arriverete a colpir l'inimico su l'egual punto. Questa denominazione viene addotta dal più antico sistema, e da quelli che pria di me trattarono la sciabola.

Per tirare questi due colpi conviene che la mano ed il piede dritto sieno I primi a muoversi, ed il resto della macchina sviluppi rapidamente la sua mole e si porti in avanti per aver campo più libero d'offendere l'inimico, per il che sarà meglio che diate un impulso al pugno nella stessa direzione che avrete vibrato il fendente.[63]

Posizione del corpo

In questa operazione il braccio destro deve essere senza rigidità allungato.

Nell'eseguire questi colpi, i muscoli delle altre parti del corpo devono obbedire parimenti alla vostra volontà, portando il corpo in avanti. Il corpo dovrà essere inclinato un poco verso il piede dritto sempre fermo sulla linea d'offesa ed in questa posizione dovrete starvene ben guardato sotto l'armi onde non incorrere rischio di rimanere colpito per virtù di qualche stravagante operazione. Per principio generale sarà il piede destro a piombo sulla terra, il pugno di *quarta*[64] posizione, la vostra

---

[63] Nella scherma la mano muove per prima, tuttavia ritengo debba essere ancora in moto al momento dell'impatto, in un taglio e questo aspetto differenzia il taglio dalla stoccata. Il colpo è completato dalla stretta in tempo.

Di seguito, due articoli di Sean Franklin sulla meccanica del taglio:

https://swordstem.com/2019/01/09/accelerating-the-wrist-in-a-cut-it-doesnt-work/

https://swordstem.com/2019/02/06/accelerating-the-wrist-2-revenge-of-the-moulinet-and-more/

[64] Ritengo opportuno chiarire al lettore che le posizioni di pugno menzionate da Bertolini non corrispondono esattamente a quelle della scherma moderna. Quarta e Terza indicano anche le posizioni intermedie di terza in quarta e di seconda in terza. Nel caso del fendente è evidente dall'illustrazione e dal contesto che il pugno è di "terza in quarta". Il lettore non deve quindi fossilizzarsi sulla specifica posizione di pugno indicata nel testo ma comprendere dal contesto (e dalle illustrazioni) per orientare

testa dalla guardia garantita, il braccio sinistro all'indietro acciò tenga il corpo in giusto profilo ed immoto, le quali azioni tutte devono essere eseguite in un sol tempo il più veloce che sia possibile. La vostra sciabola dovrà percorrere lo spazio indicato facendo un arco assai piccolo per l'offesa.

Benché queste azioni sieno semplici sono tuttavia difficili convenendo mettervi tutta l'attenzione per bene eseguirle, poiché nella sciabola troviamo una quantità di combinazioni capaci d'ingannare un accorto nemico. Vedi tavola 1. figura II che rappresenta quegli che avrà tirato il fendente tanto dritto che sinistro con tutte le regole indicate.

Vantaggj della misura

Si deve sempre aver presente la misura per ricavarne i possibili vantaggi nel maneggio della sciabola. Perciò quegli, che colpirà più lontano, non andrà mai soggetto a

correttamente la mano. In linea generale, Bertolini utilizza il termine "terza" quando il filo è orientato verso l'esterno, a prescindere dall'angolazione, e "quarta" quando è orientato verso l'interno.

tali pericoli cui va soggetto chi si slancia troppo vicino. Vi avverto, che se un inesperto oppure furioso si slanciasse sopra di voi, egli in questo punto deve allontanare la sua sciabola dalla linea d'offesa; allora cogliete quel momento e tirategli un colpo di *manchette,*[65] dopo di che velocemente slanciatevi per tre piedi in addietro sulla linea d'offesa.

Avvertenza

Avvertite, che allorquando avrete la vostra sciabola unita a quella dell'avversario, allora vi trovate sulla linea d'offesa. Se per caso venisse attaccata la vostra sciabola nel debole, ed il nemico con la sua facesse un angolo maggiore del consueto, è evidente ch'egli si scoprirebbe in qualche parte del corpo, ed allora vi si presenterebbero molte occasioni per colpirlo. Ma se l'attacco venisse fatto colla sciabola paralella alla vostra, e che l'angolo che fa il nemico fosse minore del vostro, e che si accostasse alla retta in tal caso voi potrete agire con molte azioni di diversa specie per distruggere ogni suo disegno.

Se il vostro competitore per essere inesperto alzasse la punta della sciabola fingendo di colpirvi alla testa, allora stando voi ben composto in guardia coglierete momento di tempo per colpirlo al braccio, il che vi riescirà facilmente.[66]

Non dimenticatevi che qualsivoglia movimento di sciabola deve farsi col solo pugno, che farà percorrere la sciabola col più violente ed invisibile moto, sicché l'inimico ne sia colpito senza che si possa appigliare alla parata.

---

[65] Colpo alla mano o al braccio.

[66] Nei termini di George Silver, l'avversario ha usato un tempo falso, permettendoci di colpirlo.

CAPITOLO V.

Dei due colpi di figura[67] *al di dentro ed all'infuori.*

Del colpo di figura esterno

Se vi venisse attaccata la sciabola di *quarta* procurate d'evitarne l'incontro, poiché l'inimico, che ad altro non mira che ad offendervi essendosi prefissa tale azione e non ritrovando il vostro ferro dovrà per necessità allontanarsi dalla giusta linea ed in allora vi si presenterà l'occasione favorevole per eseguire il colpo di figura *esterno.*[68]

Del colpo di figura interno

Viceversa poi se l'avversario attaccasse di *terza,* eseguirete il *colpo al di dentro* colle stesse regole e con eguale rapidità, per il motivo che se egli tentasse di sviare il vostro ferro, senza dubbio rimarebbe scoperto dalla parte ove avesse tentato di far nascere l'urto, ed in tal modo vi offrirebbe campo vastissimo ad offenderlo. Vedi tavola II. figura I. rappresentante chi avendo fatto nascere l'urto,[69] riceve il colpo di figura interno.

[67] Sono colpi al viso.

[68] Si tratta di cavazione in tempo, Bertolini non specifica se lo svincolo è sotto o sopra la lama, ritengo vadano bene entrambi nelle appropriate circostanze.

[69] Bertolini potrebbe anche intendere legamento, presa di ferro o sforzo, a seconda delle circostanze.

T. II.

All'incontro se l'inimico alzasse colla sua sciabola la vostra verso il cielo, dovrà per necessità scoprirsi ai fianchi ed io tal caso gli potrete a quella parte dirigere l'offesa non allontanandovi dalle regole sulla celerità stabilite.

Per guardarsi dai colpi di tempo

Convenendo guardarsi da qualche colpo di tempo, avvertite, vibrando qual si voglia colpo, di far ben circolare la vostra sciabola rasente quella nemica, allo scopo di percorrere pochissimo spazio per l'offesa, e così operando facile vi sarà di colpir l'inimico e nell'egual tempo riporvi in perfetta guardia. Sarà poi plausibile metodo, che nel ritirarvi vi poniate fuori di misura, affine di togliere la speranza all'inimico di colpirvi con una pronta risposta.

Distinzione dei colpi di figura e loro uso

I colpi di figura si distinguono in colpi *all'indentro ed all'infuori*. La diversa loro destinazione nasce dalla maniera diversa che l'inimico tiene per attaccare il vostro ferro, per cui tirando all'infuori avrete la posizione col pugno di *terza*, ed all'indentro l'esecuzione si farà in *quarta*. L'uso di questi colpi è stato addottato per quelli che vogliono attaccare il vostro ferro, ed hanno per abitudine di scoprirsi, indi rimanere in questa posizione senza prevvedere l'offesa.

La seconda azione di tal sorte si mette in esecuzione o contro un risoluto attacco o contro un urto che l'avversario tentasse di fare sopra la vostra sciabola, ed è evidente che chi tentasse uno sforzo[70] colla propria sciabola non ritrovando quella nemica per necessità dovrà allontanarsi dalla linea d'offesa e porgere sicuro adito ad offenderlo.

Molte sono le parate che si possono mettere in uso colla sciabola, ma siccome finora non ho parlato che di poche azioni, così non posso qui ragionare in generale delle prime, e mi limiterò a descrivervi le semplici dalle quali nascono tutte le altre.

Delle parate semplici

La parata di *prima alta* nella quale il pugno dev'essere rivolto in *terza*[71] e portato per circa sei pollici sopra il livello della testa serve a parare il fendente, tenendo la punta del ferro elevata verso il cielo ed un poco inclinata in avanti affine di meglio garantirvi dal colpo ostile; quella di *prima bassa* così denominata perché in essa si deve abbassare la punta della sciabola, servirà a ben garantirvi dai colpi interni che l'inimico vi potrebbe dirigere. Dovrete per ben eseguirla levare il pugno all'altezza del mento, il taglio diretto un poco verso la vostra spalla sinistra, e la punta inclinata in avanti.

[70] Non importa se l'avversario tenta una presa di ferro o una battuta, dato che preveniamo tale azione con uno svincolo.

[71] Ritengo che questa parata sia l'equivalente funzionale dell'odierna parata di quinta, il lettore non si lasci ingannare dal nome "prima".

Havvi la parata di *quarta* nella quale levando il pugno si para il colpo di figura interna, ed abbassandolo (cioè la *quarta bassa*) si para il petto ed il fianco sinistro, garantindosi da molti improvvisi colpi.

Finalmente la parata di *terza,* che garantisce dal colpo di figura esterna e quella di *seconda* in linea che garantisce il di sotto della parte destra. Ma delle descritte parate vi parlerò più estesamente in seguito.

CAPITOLO VI.

Dei due obbliqui, cioè dritto e sinistro.

Dei due obbliqui

Questi due *obbliqui* si denominano *dritto e sinistro* a motivo, che allorquando si mettono in pratica, prima si deve per il *dritto* girare la sciabola sulla vostra dritta, quindi diretto che avrete il taglio, andrete a colpire l'inimico incominciando dalla spalla ed il colpo avrà fine al fianco, e per il *sinistro* avrete l'avvertenza di far passare la vostra sciabola sulla vostra sinistra con la massima velocità, quindi dirigerete il taglio alla spalla sinistra dell'avversario slanciandovi con violento moto, e ferendo così l'avversario direttamente alla sinistra spalla, mentre il colpo avrà fine al fianco destro.

Vedi la tavola III. figura I. che rappresenta chi avrà tirato il sinistro obbliquo.

T. III.

Avvertite di non troppo urtare nelle parate la sciabola nemica, poiché urtandola con molta forza, il pugno si disvierebbe dalla linea d'offesa, il che se vi succedesse, non avreste altro scampo che di sostituire la punta nella linea retta, affinché se l'inimico vedendovi scoperto in qualche parte del corpo volesse offendervi, venga da quest'azione trattenuto.

Tale principio è della massima importanza poiché parando qualsivoglia colpo, non si può riuscirvi senza far angolo, né si può far angolo senza scoprirsi in qualche parte del corpo; dunque non veggo via per ben garantirsi oltre quella di sostenere possibilmente la sciabola nella linea d'offesa.

Maniera per difendersi dai descritti colpi

Se viceversa i descritti colpi venissero sopra di voi eseguiti, se sarete minacciato dal dritto opponetevi colla parata di *terza* e vibrate per riposta un colpo al petto nemico; e se foste poi minacciato dal sinistro, in questo caso parando di prima riposterete sull'inimico con un fendente, o se vorrete parate di quarta scaglierete per riposta un colpo al fianco esterno.[72]

In tali circostanze lo spazio che dovrete percorrere per l'offesa sarà molto minore di quello che occorrerà all'avversario per difendersi.

[72] Bertolini predilige le risposte che s'insinuano tra l'avversario e la sua spada e che sono, quindi, difficili da parare. Per quanto riguarda il fendente, nel manuale di squadrone questo taglio è eseguito con opposizione di coccia sulla lama avversaria, particolare omesso in questo trattato.

Parte Seconda.

CAPITOLO I.

Del colpo al petto e del traversone.

Questi due colpi ricevono un tal nome dall'effetto che fanno allorquando s'incomincia a dipartirsi dalla perfetta guardia e si muove per offendere l'avversario.

Del colpo al petto

Essendo adunque ben composto in guardia e volendo muovervi per l'offesa, se sarete congiunto con la sciabola nemica *terza* sopra *terza* avrà luogo il colpo al petto. In simile circostanza con invisibile moto rivolgerete il pugno di *quarta,* e con tale movimento la vostra sciabola si dirigerà naturalmente al petto nemico. Questo colpo dovrà essere eseguito con la massima precauzione e velocità. Vedi la tavola IV. figura I. che rappresenta chi avrà tirato il colpo al petto.

T.IV.

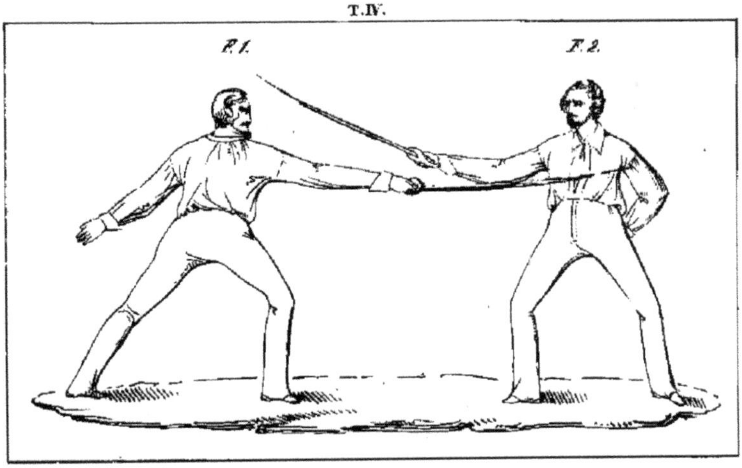

Maniera di difendersi dal detto colpo

Viceversa poi se tal colpo fosse a voi medesimo diretto, opponetevi col pugno di *quarta* e senza comunicare alcun urto alla sciabola nemica, cercate di unire il vostro doppio forte al centro di essa, formando col pugno un angolo all'indentro della linea d'offesa. Così vi schermirete dal colpo ostile, e in simile occasione vi si presenteranno più riposte. Parando stabile,[73] la riposta è sicura per colpire l'inimico, osservando però di non rimanere immobili dopo la parata; che se ciò vi succedesse, dareste campo all'avversario di replicarvi altre offese ed andreste esposto a più accidenti.

Vi prevengo che dopo aver parato, per atterrire un accorto tiratore ci vuole una veloce riposta, attesocchè essa è assai più terribile d'un primo attacco. Avvertite, che nelle parate non si deve mai urtare di troppo la sciabola ostile, anzi più saranno stabili le vostre parate, altrettanto vi riescirà più facile la riposta, per motivo che in una parata fatta stabilmente col doppio forte, il colpo del nemico per robusto che sia non sarà mai capace di allontanare la vostra sciabola dalla linea d'offesa.[74]

Dell'utilità poi delle parate vi farò in seguito la spiegazione, allorquando parlerò delle parate in generale, ove apprenderete, come dobbiate servirvi piuttosto d'una che di un'altra, avuto riguardo alle diverse azioni, onde l'avversario vi minacciasse, e conoscerete, ch'esse più volte

[73] Con "parata stabile" Bertolini intende la parata di tasto, la sua preferenza è doppio forte su medio, per rendere difficile lo svincolo.

[74] La parata stabile di doppio forte è una parata difficile da forzare e dalla quale la risposta è rapida, perché la lama di chi para non è destabilizzata o scossa, più di tanto, all'impatto.

dipendono non solamente dalla nostra, volontà ma dagli attacchi che l'inimico volesse eseguire sopra di noi.

Del traversone

Fino ad ora vi ho parlato del colpo al petto, mi rimane a dirvi del *traversone*. Il detto colpo comincia all'infuori; cioè quando vi troverete congiunti entrambi *quarta* sopra *quarta,* volendo far nascere il traversone dovrete con invisibile moto, ma rapido, rivolgere il pugno di terza, ed infallibilmente colpirete inimico al di sotto del braccio destro. Vedi la tavola V. figura II.[75] che rappresenta per di dietro chi avrà tirato il traversone. (la tavola 5 non compare nella copia dell'opera analizzata)

Il detto colpo formerà una giusta linea traversale col già spiegato colpo di petto. La differenza che passa dal colpo di petto al traversone è, che il primo prende origine all'indentro, e l'altro all'infuori, ma ambedue si debbono fare con eguale celerità.

Osservazioni sopra il traversone e difesa contro lo stesso

Gli anzidetti colpi si nominano anche *secondari,* essendocchè si possono mettere in esecuzione con qualunque finta mentre molti ritroverete, che faranno delle false azioni per indurvi ad agire a loro voglia.

La dimostrazione dei colpi secondarj si può anche appoggiare alla meccanica, qualora si voglia osservare lo spazio minore che si deve percorrere per l'offesa. Or dunque colui, che vorrà tirare l'uno o l'altro dei sunnominati colpi, non vi è dubbio che potrà colpire l'inimico, il quale se si opponesse alla parata, vi si

---

[75] La figura menzionata manca nell'originale.

presenterà gran numero di riposte per offenderlo, e parando col doppio forte sul punto centrale della sua sciabola manderete a vuoto il colpo vibrato da lui, che sarà costretto a disviare il suo ferro dal piano d'offesa.[76] L'effetto di questa parata é tale, che urtando con velocità e forza la sciabola ostile si allontana dal vostro corpo e perciò si rende quasi impossibile che l'inimico vi possa replicare un altro colpo pria di rimettersi in guardia, poiché non ritirandosi prestamente sarebbe esposto alle vostre offese.

Come dissi altrove, quando l'avversarlo avrà parato il vostro colpo voi dovrete velocemente ritirarvi in guardia per evitare una pronta riposta.

Se sarete nella linea d'offesa, e se l'inimico vi volesse inseguire, lo attenderete a piede fermo in sembianza minacciosa, e quando vi accorgerete ch'egli è in giusta misura, scagliatevi sul medesimo con dei replicati attacchi, ma osservate di stare ben guardingo contro i colpi improvvisi che potrebbero coglervi all'impensata.

Supponendo, che il vostro nemico sia ben composto in guardia, e che voi voleste muovervi per l'offensiva, conviene che prima vi apriate il sentiero per ferirlo con maggiore facilità, e per giungere a farlo scoprire conviene minacciarlo con dei falsi attacchi ed urtare un poco la sua sciabola cercando col vostro forte il suo debole senza muovere né il corpo né il piede; queste procedure avranno l'effetto di sviare l'avversario dalla linea d'offesa e di scoprire con ciò qualche parte del di lui corpo; allora gli vibrerete, o un colpo di figura interno, oppure esterno, od altri colpi che potrete eseguire con tutta facilità.

---

[76] Proposizione di non semplice interpretazione, verosimilmente l'autore sta sostenendo che questi due colpi rendono semplice la controparata (stabile) e la contro-risposta.

L'uso di queste azioni è facilissimo contro coloro che addottano la massima di starsene col braccio alquanto disteso in guardia, o che stringono la sciabola con tutta la forza immaginabile. Tuttavia procedete con precauzione e non impiegate troppa forza, poiché se l'avversario fosse ben istruito vi potrebbe sorprendere con qualche azione nel momento stesso che vi movete per colpirlo.

Dei falsi attacchi

Se poi avrete attaccata la sciabola nemica colle regole già indicate, e non voleste tirare ma bensì attendere l'avversario di piè fermo, qualora egli si risolva d'inseguirvi, agirete sopra di lui con quelle azioni che più vi sembrano favorite dal momento per frenare l'impeto della sua marcia e queste azioni si denominano *attacchi falsi* fatti facendosi i medesimi, o per conoscere il proprio nemico, o per invitarlo ad agire sopra di voi.

Dopo eseguito l'attacco, se il competitore parasse e non fosse pronto alla riposta, converrà replicargli velocemente un altro colpo al petto, oppure un fendente o ben anche eseguire una finta ed in seguito tirargli al fianco destro per maggiormente ingannarlo, osservando di fargli credere che la finta sia un colpo decisivo.

Queste azioni si possono applicare a qualunque altro attacco, essendo le finte un assoluto inganno, poiché facendo un'azione qualunque invece di terminarla col colpo già ideato, lo trattenete cercando di scoprire l'intenzione dell'inimico.

Se l'inimico parerà di *prima alta* gli potete applicare un colpo ad petto, se cercasse di togliervi la misura, lo inseguirete ed in fine lo invilupperete in una quantità d'azioni da voi premeditate da cui gli sia difficile di potersi affatto cansare.

CAPITOLO II

Del colpo di fianco interno ed esterno e del dritto e sinistro montante.

Siccome nella scuola di sciabola si deve seguire l'ordine il più naturale così credo opportuno di farvi conoscere le giuste regole da osservarsi sia nell'attaccare sia nell'incalzare inimico, o nel fare delle finte replicate ed altre operazioni, che ben praticate caratterizzano l'esperto tiratore.

Tutto quello che non è applicabile alla giusta pratica dell'armi devesi lasciare come inutile. Difatti chi non s'avvede, che negli attacchi eseguiti senza applicazione di sane regole si va soggetti ad infausti inevitabili accidenti, che metterebbero in rischio l'uomo il più valoroso?

Accordo, che ritroverete molti i quali paventano vedendo innanzi a loro lampeggiare un ferro, ma ritroverete pure di quelli che osservano gli occhi e non il ferro, e questi sono da temersi.

Ora se il furioso volesse troppo caricarvi si stancherà ed allora coglierete il favorevole momento per toccarlo con qualche colpo che più si convenga e questo sarà il manchette o *all'indentro od all'infuori* oppure il *sottomano,* che viene eseguito coll'ultimo punto della sciabola cioè col taglio falso, che ritrovasi dalla parte della schiena della sciabola offensivo al pari del giusto taglio.

Epperò in ogni attacco conviene essere moderato, e tentar di scoprire la volontà dell'inimico per il motivo, che volendo caricare con dei replicati attacchi, il combattimento si termina a danno del furioso.

Del colpo al fianco interno

Sembra che il colpo di fianco interno sia difficile ad eseguirsi, ma esso anzi è facile e diventa de' più sicuri. Suppongo, che i due combattenti siano in perfetta guardia terza sopra terza. Volendo far succedere il detto colpo, bisogna col più leggero moto forzare la sciabola ostile. L'inimico per riprendere la linea d'offesa riurterà la vostra; allora cogliete quel tempo per dirigere il ferro al fianco sinistro dell'avversario ed il vostro colpo riescirà facilmente. Vedi la tavola VI. figura I. che rappresenta per di dietro chi avrà fatto il colpo di fianco interno.

T.VI.

Per ben eseguire il detto colpo bisogna garantirsi dall'inimico e cercare di disviare dalla giusta linea la sua sciabola. Allorquando v'accorgerete che sia disviata, tirategli in quella situazione in cui sarà scoperto.

Per il colpo di fianco esterno

E' da osservarsi che quando le due sciabole ritrovansi congiunte l'una con l'altra nella linea d'offesa, una dovrà naturalmente essere sottoposta all'altra, ed in questo caso quella soggetta dovrà per necessità muoversi per causare pericolosi incontri, dei quali presentemente non vi parlo riserbandomi di farlo in seguito.

Un conoscitore del maneggio della sciabola non presenterà mai il ferro all'inimico pria di scoprirne la volontà. Questa è regola essenziale per un esperto schernitore, senza la quale non potrà dirsi accorto nell'armi.

Quando egli sia al possesso di questa conoscenza, attaccherà con la sua sciabola quella dell'avversario, e lo inviterà a fargli varie azioni per poscia ingannarlo con qualche colpo premeditato. Quando si tenta di combattere l'avversario con più azioni combinate, conviene essere cauti e procurare di guadagnare col forte il centro della di lui sciabola, in seguito attaccarlo di *terza in quarta,* ed allorquando muoverà per riprendere la sua primiera posizione, vibrargli il colpo al fianco esterno ma colla più viva rapidità. Vedi la tavola VII. figura II. che rappresenta chi avrà portato il suddetto colpo.

T.VII.

Colla sciabola potete por in pratica quegli stessi sforzi[77] che far si possono colla spada. La sola differenza sta in ciò, che colla spada battete il ferro nemico col vostro doppio forte sul suo doppio debole e così guadagnando la graduazione impedite all'inimico d'agire sopra di voi.

Viceversa colla sciabola conviene che battiate col doppio forte sul punto centrale dell'arma contraria quindi, successo l'urto, che avrà senza dubbio scomposto l'inimico in maniera che difficilmente potrà riordinarsi, agirete sopra di lui. Se l'urto sarà nato all'infuori, il colpo avrà fine all'indentro, e se all'indentro avrà fine all'infuori.

Del guadagno di terreno

Se poi voleste fare un guadagno di terreno, potrete eseguirlo in due maniere, o colla sciabola in linea retta, o col ferro volante, ma la prima sarà sempre la più sicura. E da osservarsi, che quando le sciabole non si tocchino ma sieno tuttavia in linea d'offesa, l'azione che si può eseguire in quell'istante riesce con più velocità, ed in conseguenza il colpo avrà maggior forza.

Quegli che volesse fare un guadagno di terreno, dovrà essere ben cauto nell'avvanzare sulla linea d'offesa per non essere dal nemico colpito nel mentre che avvanza. Queste regole tendono ad evitare pericolosi incontri.[78]

---

[77] Con "sforzi" l'autore intende anche le battute e le prese di ferro, non solo gli sforzi in senso proprio.

[78] Con "pericolosi incontri" l'autore intende, a mio avviso, i colpi d'arresto.

Per la ritirata

Volendo poi costringere l'inimico ad una ritirata, si deve tenere la punta della sciabola non molto elevata, anzi tutta inclinata in avanti, poiché questa attitudine somministra campo maggiore per offendere l'avversario. Allorquando tale azione succederà all'indentro il pugno sarà di quarta; facendola all'infuori il pugno sarà di terza.

Per quanto quest'azione sia bella e facile ad eseguirsi non va però esente da pericoli, e questi hanno luogo quando l'avversario fugge colla sua sciabola per non incontrarsi colla vostra; poiché mentre lo crederete in fuga, egli facendovi fronte potrà tirarvi un fendente di tempo.

Volendo fare un urto per allontanare dalla linea la sciabola nemica e mettervi in perfetta posizione, conviene disviare per poco l'arma ostile, sostituirvi la vostra e rendere così il vostro spazio d'offesa minore del suo di difesa.

A fronte dei pericoli che agli occhj nostri si presentano, non si deve credere che il maneggio della sciabola non somministri sufficienti mezzi per evitare funeste conseguenze, ed offendere l'inimico. Vedrete col progresso quanto essa sia vasta nell'offesa e qual campo abbia di difesa.

Del dritto montante

L'uso di questo colpo fu addottato contro coloro che per abitudine parano di *prima*. Importa d'osservare per bene eseguirlo le regole che sono a darvi senza le quali non riescirebbe con facilità. Girerete la sciabola con invisibile movimento verso la vostra dritta, quindi farete ascendere il vostro colpo che dovrà passare tra la sciabola ed il corpo nemico, toccherà sul fianco sinistro del competitore, e finirà alla destra parte del petto. Vedi la tavola VIII. figura I. che rappresenta chi avrà portato il dritto montante.

T. VIII.

Dovrete innoltre avere la sciabola col pugno di *terza*[79] ed il taglio all'insù per aver maggior forza ad offendere l'avversario sostenendo nella sua giusta posizione la vostra arma, e nel finire il colpo avrete il pugno all'altezza del mento per evitare un incontro che nascer potrebbe a vostro svantaggio.

Conviene osservare, che se lo schermitore tirerà questo colpo all'appoggio delle giuste regole difficile riescirà all'inimico di ripararsi, tolto che egli non fosse si accorto d'opporsi colla *seconda trasversale*[80] tenendo per ben garantirsi la punta della sua sciabola verso la spalla sinistra. In tale caso se voi non sarete pronto a ritirarvi fuori di misura andrete soggetto a ricever un colpo di figura esterno. Avvertite pure nel ritirarvi di mantenere la punta della sciabola nella linea d'offesa ad effetto d'impedire all'inimico d'inseguirvi, garantendovi questa

---

79 Illustrazione e contesto suggeriscono che la sciabola è orientata col filo verso l'alto a sinistra, oggi diremmo "di quarta in prima".

80 La seconda trasversale di Bertolini è una seconda che interseca la linea centrale, coccia a destra e punta a sinistra.

posizione da una pronta risposta, e dagli altri piani che l'avversario potesse formare contro di voi.

Sono infiniti gli svantaggi che possono incontrare coloro, i quali dopo di aver attaccato non si rilevano prontamente in guardia. E' proprio degli schermitori dopo d'aver parato d'eseguire una pronta risposta, togliendovi fuori di misura impedirete all'inimico d'offendervi con altri colpi secondarj.

Passerò qui a descrivervi quanto appartiene alla sciabola combinandone il giuoco con delle altre azioni, oltre alle semplici che vi ho divisate, per modo che possiate trattarla con quella profonda ed intima conoscenza che costituisce l'esperto schermitore. Ho già altrove detto, che tutte le differenti azioni che si possono fare, o per incalzar l'inimico oppure per invitarlo ad agire sopra di voi, o per difendervi, tutte nascono dalla maniera con cui l'inimico vi presenta la sua sciabola, e siccome le azioni da mettere in pratica sono infinite nelle loro risorse, così in qualunque guisa l'inimico vi presenti la sciabola, dovrete usare fra tutte le azioni quelle, che più vi convengono per combatterlo. Se vedeste il momento favorevole per tirargli qualsivoglia colpo, eseguitelo, ma prima cautatevi per modo che l'inimico non si opponga al vostro disegno. Se questi avesse la punta della sciabola levata, lo potrete aggredire con moltissime azioni; prima però avvertite d'appoggiare insensibilmente la vostra sciabola sopra la sua per accertarvi se egli si opponga ai vostri piani, ed intanto rimanete immobile, ma un poco fuori di misura, per evitare d'essere raggiunto con qualche colpo di tempo.

Se poi lo vedeste fare qualche risoluto attacco, opponetevi ai suoi colpi, oppure prudentemente ritiratevi fuori di misura, e con la maggiore velocità tentate d'evitare l'incontro del suo ferro, ed allorquando v'accorgerete dell'opportuna occasione, scagliategli un colpo mentre egli attende ad inseguirvi, e così finirete l'azione con quel colpo che più vedrete al fatto vostro favorevole. Avvertite, che il detto colpo deve essere portato con tutta velocità, acciò il nemico venga colpito allorchè meno se lo attende.

Queste azioni si possono fare quando la sciabola è un poco bassa e possono ben anche eseguirsi, quando la sciabola ostile ritrovasi in linea orrizzontale, o secondo la posizione in cui ritrovansi i ferri congiunti, poiché se vi ritrovaste sottoposto colla vostra sciabola alla sua, non avreste bisogno d'altro che di ritirarvi e di ben comporvi in guardia, e se l'inimico v'inseguisse, in tal punto gli potrete fare dei colpi di tempo, dai quali senza dubbio l'avversario dovrà rimanere colpito.

Ma dopo eseguito il vostro colpo; cercate di ben presto rimettervi fuori di misura, acciocché l'inimico perda ogni speranza di potervi toccare di riposta.[81]

Del sinistro montante

Quando vi trovate nella posizione di *quarta* sopra *quarta,* e vediate che l'inimico tenta di sottomettere il vostro ferro, allora vi opporrete facendo una momentanea resistenza per modo ch'egli risolva qualche movimento. Se finge di tirarvi, ma non compie l'azione, urtategli il ferro, e se si oppone minacciatelo con un fendente, ma osservate che ciò si deve fare per una finta, poscia vibrategli un decisivo colpo al fianco destro; egli lo parerà colla *seconda,* dopodiché è naturale che riposterà con un fendente, riprenderete allora la parata di *prima* alta, e girando la sciabola verso la vostra sinistra fingete di replicargli il secondo colpo al fianco, al che egli opponendosi colla sua

[81] L'autore raccomanda di sciogliere la distanza, per non esporsi alla riposta.

seconda vi offrirà tutta la comodità per tirargli il sinistro montante. Nell'eseguire il colpo farete entrare la vostra sciabola tra il ferro ed il fianco destro nemico, e lo colpirete infallibilmente, prendendo tal colpo origine al fianco destro e finendo alla mammella sinistra. Il pugno nell'eseguire l'azione dovrà esser di *prima*[82] posizione ed il taglio della sciabola diretto verso il cielo. Vedi la tavola IX. figura II. che rappresenta chi avrà tirato il sinistro montante.

T.IX.

Qui sembra che un momentaneo sforzo sia il più sicuro per colpire l'avversario nel momento che stà per risolvere qualche premeditata operazione, poiché si ritroverà occupato da molte idee che vengono in lui prodotte da questa posizione, quindi non potrà fissare tutta la sua attenzione sul detto colpo.[83] Ma tuttavia si deve anche essere in attenzione sopra le altre azioni che un esperto nemico potrebbe tentare.

---

[82] Verosimilmente di prima in seconda.

[83] L'autore in questo caso ci offre una considerazione di carattere psicologico.

Or dunque, se le sciabole dei due combattenti si trovassero in linea d'offesa, si potrebbe attaccare in più maniere, cioè col colpo di figura all'indentro oppure all'infuori, secondo la posizione della sciabola ostile. Se poi si volessero eseguire altre azioni, dovranno esser fatte colla massima regolarità, ed invisibile moto del pugno cercando con un qualche piccolo urto di disviare la sciabola avversaria della linea, per in seguito poi dirigere le offese ove giudicate più opportuno.

Si deve por mente, che quando le sciabole si trovano congiunte, una delle due per necessità dovrà essere sottomessa all'altra, ed in tal caso la sottomessa debbe o muoversi per offendere l'inimico, oppure ritirarsi fuori di misura, poiché rimanendo in quella svantaggiosa posizione, chi la tiene andrebbe soggetto a vari pericoli che in seguito vi farò conoscere.

Un accorto tiratore non presenterà giammai la sciabola avanti al nemico senza un giusto motivo, o per conoscere di qual parte dovrà attaccarlo o per indurlo ad agire a sua voglia.

Attenendosi alle prescritte regole difficilmente si resterà colpito. Nasce poi il sinistro montante dall'attacco in *terza* quantunque si possa farlo anche di determinata volontà.

Varie maniere di difesa contro gli attacchi ostili

Se vi trovaste in *terza* posizione e l'avversario risolvesse di attaccarvi in *quarta,* nella medesima maniera gli farete il dritto montante, e se volesse opporsi colla giusta sua parata che sarà di *quarta bassa,* allora velocemente tiratevi fuori di misura, quindi rinnovategli gli attacchi e tentate di scoprire ciò che vuol fare, senza però dargli a conoscere la volontà vostra così in seguito dirigendogli altre offese, vi si offriranno vantaggiose combinazioni e passerete successivamente senza perdita di tempo da queste azioni ai fendenti oppure ai colpi di figura.

Se il nemico cogliesse un favorevole momento per colpirvi con un fendente mentre impiegate tutta l'arte immaginabile per offenderlo; per garantirvi basta che leviate il pugno di *quarta,* quindi formiate angolo verso la vostra sinistra, disviando la sciabola nemica, e vi aprirete un varco sicuro per colpirlo al di fuori.

CAPITOLO III.

Dei colpi di manchette all'indentro all'infuori e di sotto mano.[84]

Molti inesperti schermitori pretendono di mettere in esecuzione i suddescritti colpi, ma in realtà fanno conosce re la loro ignoranza nel maneggio della sciabola. Non havvi esperto tiratore che si ostini a tali operazioni che metterebbero in pericolo gli uomini i più accorti.[85] Supponiamo adunque che i due combattenti sieno entrambi in stato d'offesa. Se uno di essi volesse far nascere tal colpo d'attacco è chiaro, che dovrebbe allontanarsi dalla linea d'offesa, per cui volendo vibrare il premeditato colpo di *manchette* per necessità deve riprendere la sua linea ed in seguito col più violente moto scagliare il nominato colpo all'indentro od all'infuori, a seconda della posizione della sua sciabola.

Osservo qui, che un corpo in moto se non trova ostacolo che lo contrasti, deve per necessità tutto abbandonarsi fuori della linea d'offesa, ed in tal modo vi si aprirà un campo sicuro per offenderlo, sia con un fendente o con altra preparata operazione.[86] Dunque vi è tutta la probabilità che l'inimico debba rimanere colpito. Se poi tentasse qualche altra operazione, non gli ricadrebbe facile essendo voi con la sciabola tutta in linea, ed in tal modo lo spazio che deve

---

[84] "Sottomano" qui indica un colpo di falso filo.

[85] Bertolini non nega l'utilità del manchette ma ne contesta l'abuso, questi colpi hanno un proprio contesto d'uso e non possono costituire l'unica opzione.

[86] Il maestro sta, a mio avviso, spiegando che un colpo di manchette senza preparazione è facilmente schivato e chi lo ha scagliato e ha mancato il bersaglio può essere colpito.

percorrere per offendervi sarà maggiore del vostro per difendervi.[87]

Colpi di manchette di tempo

Questi colpi di tempo sono molto in uso tra i tedeschi ed i francesi, che vi attaccano con le sopraindicate regole. Ora volendo scagliare tal colpo vi si presenta tutta l'occasione[88] per agire sopra il nemico che fingerà di non opporsi nemmeno ai vostri risoluti attacchi ed inseguito vi leverà la misura portando il corpo tutto all'indietro, girando sulla punta del piede sinistro; portando il piede destro in addietro sulla linea d'offesa, ed in pari tempo tenterà di slanciarvi il suo premeditato colpo.

Devesi stare molto accorti per non essere colti da tali funesti pericoli. Abbiate adunque per massima generale, allorquando volete tirare qualsivoglia colpo, di prima scoprire ciò che vuol fare l'inimico per poi in seguito ben garantirvi, avendo per sistema di sempre mantenere la vostra sciabola tutta nella linea d'offesa, che così operando, l'inimico non s'azzarderà di tormentarvi coi replicati suoi attacchi.

[87] E' da notare la similitudine tra la terminologia di Bertolini e quella di George Solver, in questo caso si applica il concetto di "narrow spaced".

[88] Penso che nella situazione descritta l'avversario ci stia invitando a tirare.

Maniere di eseguire il colpo di manchette all'indentro ed all'infuori

Qui vengo al colpo di *manchette* che può nascere quando vi troverete con le sciabole congiunte cioè *quarta* sopra *quarta*. In tal caso se l'inimico risolvesse di colpirvi con un fendente, cogliete quel favorevole momento per vibrargli il colpo di *manchette* all'indentro, viceversa poi se foste *terza* sopra *terza* e vi minacciasse qualsivoglia colpo, gli farete quello sopra indicato, ma all'infuori. Osservate, dopo eseguito o l'uno o l'altro dei descritti colpi, di togliere all'inimico la misura e per maggiormente garantirvi slanciatevi due passi all'indietro ma ben composto in guardia. Vedi la tavola X. figura I. che rappresenta chi avrà eseguito uno dei sopranominati colpi.

T.X.

Questi medesimi colpi si potrebbero fare anche di determinata volontà, ma con somma facilità l'inimico potrebbe garantirsene. Se lo ritrovaste di piede fermo e che vi attendesse in sembianze minacciose, in tal caso starete ben accorto, acciò non v'inganni con qualche colpo secondario; ed in seguito attaccatelo di terza: in tale attitudine formerete angolo colla vostra sciabola al di fuori; ma avvertite di essere ben garantito; e se vi accorgete che egli fosse dal vostro risoluto attacco sorpreso, cogliete il favorevole momento per colpirlo al fianco interno. Questa azione é così denominata perché con essa si colpisce l'inimico internamente. Un tal colpo produce belle combinazioni senza perdita di tempo. Se l'avversario si opponesse colla *quarta bassa,* andreste incontro ad un colpo di figura esterno, ed il nemico non avrà che rivolgere il pugno di *terza*[89] per colpirvi con facilità; or dunque per evitare si pericolosa riposta dovrete velocemente ritirarvi in guardia con la parata di *quarta,*[90] quindi avrete per vostra riposta il colpo al fianco esterno, e renderete nullo il colpo ostile.

Facile maniera di colpire l'inimico

Se poi vi presentasse la sciabola in diversa maniera, in tale posizione gli vibrerete differenti riposte, ma tutte all'esterno; anzi questa maniera di combattere si rende più facile per colpir l'inimico. Il ben eseguire i sopracitati colpi dipende dalla maniera con che l'inimico si oppone alla parata; se l'attacco sarà stato all'infuori il colpo avrà fine all'indentro e se sarà stato all'indentro il colpo avrà fine all'infuori. Nel tirare qualsivoglia dei detti colpi si deve fare angolo, acciò riesca In disviare la sciabola ostile dalla linea d'offesa; ma però non forzate di troppo il ferro nemico, ed osservate di ben mantenere la punta della sciabola nella linea d'offesa, che così operando impedirete

---

[89] Anche in questo caso, il termine "terza" è usato per indicare una posizione con il filo verso l'esterno.

[90] Quella che l'autore chiama quarta è, a mio avviso, una sesta, per la precisione una ceduta di sesta.

all'inimico d'inseguirvi, e nemmeno si azzarderà di dirigervi nuovi attacchi.

Qui devo farvi degli avvertimenti necessari. Siccome vi dimostrai la maniera di eseguire i colpi di fianco all'indentro ed all'infuori, così vi esporrò i pericoli, ai quali andrebbe soggetto colui che volesse porli in pratica senza abitudine, poiché quantunque riescano belli eseguiti da mano maestra, con tuttociò sono pericolosi. Il colpo adunque dovrà esser vibrato con tutta celerità, ed eseguito con invisibile moto del pugno. Avvertite di non troppo gravitare sulla sciabola nemica, mentre se troppo v'appoggierete sovr'essa l'avversario si accorgerà del vostro disegno e vi lascierà operare senza venire alla parata, ed allorquando voi crederete il momento favorevole per colpirlo, vi potrebbe arrestare con qualche suo preparato colpo di seconda intenzione.[91]

Sembra adunque, che negli attacchi[92] di qualsisia sorte bisogni far angolo poiché l'avversario volendo ferirvi con qualche colpo secondario, in tale posizione dovrà descrivere uno spazio assai grande per offendervi e così vi accorgerete del suo disegno. Per opporvi al colpo che tenta di vibrarvi state ben composto in guardia senza risolvere attacco di sorta, chè operando in tale maniera scoprirete la sua volontà.

---

[91] Bertolini non usa i termini "prima intenzione" e "seconda intenzione" nel senso che attribuiamo loro oggi, considera l'uscita in tempo una seconda intenzione e il controtempo terza intenzione.

[92] In questo caso, penso che la parola attacco sia da intendere nel senso spagnolo e si riferisca al legamento.

Se l'avversario poi vi attende, se risoluto col braccio feritore in avanti, in tale attitudine la sua sciabola sarà tutta nella linea dl offesa, per cui raddoppierete la vostra vigilanza nell'attaccarlo; e se risolverà qualche operazione, coglierete l'opportuno momento e gli scaglierete il colpo di *manchette* secondo che l'occasione vi si presenterà. Eseguito il vostro colpo, ritiratevi con velocità fuori della misura ben composto in guardia con la sciabola nella linea d'offesa; agendo così impedirete all'inimico di caricarvi con qualche secondaria sua operazione.

CAPITOLO IV.

Di più colpi successivi e del modo di combattere il giuocatore di tempo.

Vi sono altri cinque colpi per la sciabola e si trovano degli inesperti maestri che accostumano di farli mettere in pratica ai loro allievi; ma se questi maestri conoscessero il giusto metodo d'istruzione sono persuasissimo che abbandonerebbero questo poco utile uso e si appiglierebbero a più giusta maniera d'istruire.

Denominazione dei cinque colpi poco usitati

Tali colpi adunque ricevono le loro denominazioni distinguendosi col nome di *coscia interno* ed *esterno,* di colpo di *gamba* pure *interno ed esterno,* e per ultimo di colpo al *piede.*[93] Qual sarà tiratore di sciabola che non s'avveda che i sopranominati colpi esporrebbero chi se ne vale a funesti pericoli? Per altro io non intendo di sbandirli del tutto dalla scuola della sciabola, dacché molti inesperti tiratori si ritrovano; che dopo aver attaccato l'inimico, per una falsa abitudine rimangono senza rilevarsi in guardia. Con tali combattenti si potrà cogliere il favorevole momento, nel quale senza alcun dubbio sarà facile toccarli con qualsivoglia dei sopranominati colpi.

Se poi vi volesse di scagliar loro qualche fendente, per far ciò state un poco fuori di misura, anzi offrite loro la coscia, ma fingete di non osservare, che allora eglino facilmente si lusingheranno di tirare. Avvertite in tal naso di

[93] Contrariamente a quanto avviene nella tradizione Britannica, Bertolini sconsiglia gli attacchi alle gambe, scelta che sarà comune anche nella sciabola italiana di epoche successive, ne ammette però l'uso nella risposta.

velocemente ritirarvi col piede destro dietro al sinistro e nell'egual tempo vibrate loro il fendente, che avrà un esito felice. Se poi vi paresse meglio di eseguire altre operazioni, le potrete fare, nell'ugual maniera, perchè sieno di seconda intenzione.

Maniera di contenersi contro un accorto nemico

Se vi ritrovaste a fronte d'un esperto nemico, che con fine secondario tenesse la sciabola molto levata, vi sembrerà di poterlo colpir facilmente: contro tal sorta di combattenti starete bene in avvertenza perché per loro scaltra abitudine vi tolgono la misura, quindi vi colpiscono con qualche favorito loro colpo di seconda intenzione. Già nel I. capitolo della parte seconda[94] vi ho fatto conoscere la maniera di combattere con simile nemico.

Siccome tutte le azioni, sia con la spada sia con la sciabola, sono duplicate, ogni azione che si fa all'indentro si può fare anche all'infuori. Sarebbe inutile l'accennarlo, se il pugno non cambiasse posizione nelle diverse azioni epperò credo anzi necessario di qui parlarvene. Allorquando avrete attaccato al di fori, il colpo avrà per necessità fine all'indentro, viceversa poi se l'attacco l'avrete ratto all'indentro, il colpo avrà fine all'infuori, osservando però che i detti colpi sieno di prima intenzione.[95]

Se li faceste poi per finte, operando in tal maniera, potrete scoprire tutta la volontà dell'inimico, ed in simile occasione i vostri attacchi cambierebbero d'aspetto cioè colpireste l'avversario dalla parte opposta.[96]

---

[94] Bertolini intende la parte del libro che tratta delle finte.

[95] L'autore qui sta parlando delle azioni che si sviluppano da legamento o presa di ferro.

[96] Qui il tiratore finta, osserva e agisce.

Ma per ben eseguire questa azione, sarebbe metodo plausibile di scoprire prima le idee del nemico, come altrove vi feci conoscere, poichè si deve agire con grande cautela convenendo assicurarsi della sciabola avversaria per non rimanere ingannati da qualche veloce riposta.

Si osserva, che tutte le azioni di sciabola riescono facili, quando si ha l'avvertenza di tenere il ferro nemico sottomesso al proprio.

Per difendersi contro chi attacca di prima intenzione

Se l'avversario risolvesse di tirarvi di prima intenzione, e se fosse qualche furioso che volesse guadagnarvi la misura, tenetegli la sciabola alla fronte che non si azzarderà nemmeno di avvicinarsi, e così operando gli toglierete ogni speranza di colpirvi.

E' da osservare, che se l'inimico fosse così trasportato da un pazzo furore da avvicinarsi nullameno a voi, andrebbe ad incontrare la punta del vostro ferro senza potersi opporre con alcuna parata.

Per combattere di terza intenzione

Se vi trovaste in faccia ad un esperto conoscitore di sciabola accorto nel tirare in tempo, dovrete agire con somma cautela e tentar di combatterlo di terza intenzione.

Voi dovrete attaccarlo ed in pari tempo cercare di scoprire ciò che egli vuoi fare. Se poi risolveste di agire sopra di lui con degli attacchi secondarj come è di regola, e se egli opponendosi ai vostri disegni tentasse di colpirvi con qualche preparato colpo nella sua riposta, siate accorto per garantirvi ed in simile incontro lo colpirete con facilità di contro riposta, chè così viene nominato il tirare di terza intenzione, denominazione ritenuta dai più celebri scrittori antichi e moderni.[97] Ciò viene raccomandato anche dal rinomato professore Ferdinando Ganfaldoni nel suo trattato di sciabola parte II. capitolo V.

Adunque pria di risolvere qualsiasi attacco cercate di scoprire la volontà dell'avversario, allo scopo di poterlo inviluppare in una serie di azioni da voi premeditate, poiché volendovi affrontare con chiunque per regola dovete usare della più scaltra maniera di combattere, per non andar soggetto a que' pericoli di coi feci altrove parola.

Se osserverete le suesposte regole difficile sarà, che veniate ad essere colpito, e vi potrete inoltre assicurare d'un felice successo.

Fino ad ora vi descrissi il metodo d'eseguire gran parte delle operazioni che costituiscono l'arte di maneggiare con facilità la sciabola, nel seguente capitolo vi dimostrerò varie azioni che esigono un metodo diverso da quelle che vi descrissi nei passati capitoli.

---

[97] La situazione descritta sembra quella in cui un'uscita in tempo è neutralizzata da una parata e risposta pianificata, quindi un controtempo.

CAPITOLO V.

Azioni che esigono un metodo diverso di combattere.

Or dunque ritrovandovi nella linea di offesa ed accorgendovi, che l'inimico sia scoperto nel fianco destro, riprendete la posizione di *terza* e se egli per inavvertenza rimanesse nella primiera sua guardia, minacciategli il fianco; in tale attitudine si opporrà colla parata di *seconda*, quindi coglierete quel favorevole momento, e gli slancierete un fendente; che così operando vi assicurerete un fortunato successo.

Bisogna osservare, che il colpo deve essere eseguito colla mano di *quarta*, ed in tale incontro spaccatevi con tutte le regole prescritte, cioè la coscia sinistra ben distesa, il piede destro in avanti per lo spazio di tre piedi sulla linea di offesa, ed a piombo, acciocché il corpo sia immobile; la testa dovrà essere garantita dalla vostra sciabola, e per meglio assicurarvi, vibrando il colpo, formerete angolo colla sciabola all'indentro, per essere maggiormente garantito dal ferro avversario.

Fendente secondario

La descritta operazione si denomina fendente *secondario* per il motivo che viene eseguito colla finta di fianco.[98] Tale colpo dev'essere diretto colla più grande velocità.

Regole per ben eseguire i fendenti

Conviene richiamare alla memoria tutto quello, che altrove ho già spiegato riguardo ai fendenti ed all'accortezza che richiedesi per ben eseguirli.

---

[98] Ogni colpo eseguito dopo una finta è un colpo secondario, secondo Bertolini.

Ognuno che sia conoscitore della sciabola sa, che i fendenti possono eseguisi in due maniere, cioè a dritta ed a sinistra; benché l'effetto ne sia uguale, pure l'esecuzione ne è diversa.

Osservate che quest'operazione si potrebbe anche tentare se vi ritrovaste in *quarta,* ed in tale attitudine volendo voi far nascere il fendente, dovrete con invisibile moto presentare la sciabola al fianco interno dell'avversario, che senza nessun dubbio si opporrà colla parata di *quarta bassa,* e vi presenterà uno spazio abbastanza grande per tirargli col più violente moto il sinistro fendente.

Ma nell'eseguire il sopraccennato colpo dovrete prima minacciar l'inimico colla finta, affinché egli ricorra alla parata di *quarta bassa.* In tale caso girerete tantosto il pugno di *prima* posizione, e la vostra sciabola passerà invisibilmente verso la vostra sinistra. Eseguito tale movimento, il vostro pugno naturalmente si rivolgerà in *quarta,* e quando v'accorgerete d'essere al giusto punto scaglierete il premeditato colpo colla maggiore celerità. Rileverete in seguito sempreppiù, a quali vantaggi porti il saper conoscere tempo la volontà dell'inimico.

Supponiamo qui che due sciabole siano nella linea d'offesa; colui che saprà tener a bada l'avversario con dei falsi attacchi, e nella stessa forma conoscere ancora il giusto punto della graduazione della sciabola ostile, senza dubbio farà ubbidire l'inimico alla sua volontà.

Nell'eseguire i descritti colpi bisogna essere ben cauti, poiché se l'inimico prevedesse il vostro disegno potrebbe opporsi colla parata o di *prima* o di *quarta alta*[99] secondoché gli sarà diretto il fendente. Opponendosi l'inimico con una

[99] L'autore intende: prima alta o quarta alta che sono, nella moderna nomenclatura, quinta e sesta.

delle descritte parate, naturalmente sarà garantito dal vostro fendente bensì, ma con questo sarà scoperto tutto al di sotto, ed in simile incontro non avrete che a rivolgere il pugno di *quarta* indi, la vostra sciabola si dirigerà in maniera, che lo colpirete al suo interno con quel colpo che più vi converrà; il che tutto deve essere eseguito col più celere movimento che si possa.[100]

E' da osservare, che questi colpi vengono prodotti dalla pura combinazione dei fendenti, ed operando di questa maniera serviranno ad aprirvi con facilità il varco per offendere l'inimico.

Per massima generale si deve essere deciso nel fingere i fendenti, poiché si osserva che con quest'inganno l'inimico si scopre al disotto e vi apre un campo vastissimo per offenderlo da qual parte più vi aggrada.[101]

---

[100] In queste azioni il cambio di altezza sostituisce il cambio di linea.

[101] Il maestro ha dedicato a queste azioni un capitolo a parte e non le ha spiegate prima, perché sono più rischiose per il tiratore, rispetto a quelle spiegate in precedenza.

CAPITOLO VI.

Per combattere contro il naturalista, e massime generali per l'offensiva e difensiva.

Molti si ritrovano che non hanno mal avuto alcun principio sul maneggio della sciabola, eppure non mancano di pretensione, poiché con somma facilità sanno eseguire il doppio mulinello, ed altri loro favoriti colpi, il tutto però senza fondamento di sorta.

Contegno contro il naturalista

Se, vi trovaste a fronte d'un simile nemico, fatevi primieramente conoscere imperturbabile, quindi agite con somma prudenza, poiché volendovi ostinare di combatterlo a tenore delle regole, potrebbe agire con qualche azione imprevvista sopra di voi, e tutta la vostra resistenza riescirebbe inutile; e volendo sostenervi nella linea di offesa, allorquando vi carica con replicati attacchi, sareste col braccio troppo esposto alle azioni del vostro competitore. Avvertite di star colla sciabola allungata nella linea d'offesa, ma alquanto fuori di misura, e quando l'avversario volesse fare uno sforzo sulla vostra arma procurate d'evitarne l'incontro mentre potrebbe coi suoi attacchi offendervi il braccio, e si aprirebbe quindi vastissimo campo per colpirvi.

Per troncare adunque, come dissi, ogni speranza a simili competitori presontuosi ed inesperti dovrete agire con somma cautela, cioè starete fuori di misura, non opponendovi ai loro risoluti attacchi, né conservando nemmeno la giusta posizione, e per ultimo avvertite di non presentar loro il braccio come vi feci conoscere di sopra, poiché andreste troppo soggetto ad essere colpito.[102]

Abbiate dunque per regola generale, allorquando vi ritrovaste a fronte di simile competitore di starne in distanza per il motivo che se egli fosse risoluto di scagliarvi qualsivoglia dei suoi favoriti colpi, col mezzo della già tolta misura non sareste soggetto ad esser in verun modo colpito; se poi movesse furibondo a inseguirvi, ella è cosa evidentissima che nel suo primiero impeto non vedreste nemmeno la sua sciabola per il moto violento, che fa nel caricarvi.

Qui si deve osservare, che un corpo il quale eseguisce un movimento, sì estraordinario presto si stanca, e necessariamente deve rallentare il celere suo movimento, per cui allora vi si presenta il favorevole momento, ritrovandolo privo di forze fisiche, di colpirlo in qual si voglia parte ed il naturalista per non conoscere alcun metodo di difesa rimarrà esposto a tutte le vostre calcolate offese, né troverà una semplice parata per opporsi.

Dell'offensiva e della difensiva

Parlerò ora dell'offensiva e del la difensiva.

Ritrovandovi pertanto nel piano d'offesa con qualsivoglia nemico, osservando però che le sciabole sieno *quarta* sopra *quarta,* se l'avversario risolvesse di vibrarvi il dritto fendente,[103] voi vi opporrete colla parata di *quarta alta,* a cui si presenta per riposta il colpo al fianco destro.

---

[102] Lo schermidore inesperto, ignaro del pericolo, può scagliarsi contro l'avversario con colpi ripetuti, finendo facilmente in doppio.

[103] Il fendente in questo caso sembra essere un coupè.

Viceversa poi se foste *terza* sopra *terza*, e l'inimico vi tirasse il sinistro fendente, per ben eseguirlo dovrà far passare la sciabola verso la sua spalla sinistra col più violente moto, quindi dirigerla con la mano in *quarta* e così operando il giusto taglio cadrà sopra la vostra fronte, e se a tal movimento non vi opporrete con la parata di *prima alta,*[104] l'inimico vi colpirà senza alcun dubbio; opponendovi con la descritta parata, avrete per riposta il colpo al petto. Per ben eseguirlo dovrete col più celere movimento rivolgere il pugno di *quarta,* e così vi riescirà facile la vostra riposta. Se l'inimico vi minacciasse un colpo di figura interna opponetevi con la *quarta stabile,* ma siate bene accorto di presentare il doppio forte sul punto centrale della sciabola ostile. Avvertite, che in simile occasione avrete per riposta il colpo di fianco esterno,[105] ma il tutto dev'essere eseguito con invisibile movimento, acciò esca con facilità: la premeditata vostra riposta.

Viceversa poi, se foste minacciato alla figura esterna, è naturale che dovrete parare colla *terza stabile,*[106] e fatta che avrete con le regole sopraindicate la descritta parata, avrete per riposta il colpo di fianco interno. Per eseguire la vostra riposta volgete il pugno di *quarta,* che in tale maniera vi garantirete; quindi la vostra sciabola naturalmente verrà diretta al fianco sinistro dell'inimico ed in tal modo vi si faciliterà offesa. Se poi foste deciso d'attaccare l'inimico e risolveste di colpirlo al petto, primieramente assicuratevi di ciò, ch'egli ha intenzione di fare, per il che dovrete bene temporeggiare, acciò non siate in seguitò vittima della sua

---

[104] Come si è detto in precedenza, la quarta alta (sesta) e la prima alta (quinta) riparano dai colpi la sommità del capo.

[105] Dalla parata stabile, si risponde sotto la spada, rendendo molto difficile all'avversario parare la risposta.

[106] Parata di tasto di terza, col doppio forte della lama.

riposta, poiché è evidente, che l'avversario non avrà che ad opporsi colla parata di *quarta* se sarà stretto in misura. Viceversa poi, se l'inimico fosse nella giusta linea d'offesa, allora la parata cangierà d'aspetto e la più sicura sarà quella di *prima;*[107] per bene eseguire la quale si deve levare il pugno all'altezza del mento, la forza del braccio destro sarà concentrata nel solo pugno ma senza rigidità, il pugno sarà un piede e mezzo circa avanti la spalla sinistra, ma nella giusta linea d'offesa, la sciabola perpendicolare verso la terra,[108] e la punta inclinata un poco avanti; e così vi aprirete un campo vastissimo per colpire l'inimico o con un fendente oppure con altri colpi interni.

Maniera d'attaccar l'avversario col traversone

Se poi voleste attaccare l'avversario col traversone, questo colpo prende origine dove il braccio si congiunge alla spalla destra e per bene eseguirlo, dovrete col più veloce movimento rivolgere il pugno in terza e poi minacciar l'inimico coi più risoluti attacchi, per indurlo a scoprirsi. In forza di quest'inganno egli si troverà esposto tutto al di sotto, ed allorquando vi accorgerete del favorevole momento gli scaglierete il vostro colpo.

Se si opponesse colla parata di *seconda* in linea, in simile occasione sareste soggetto al colpo di figura interna, mentre l'inimico non avrà altro che a ben dirigere il pugno di *quarta,* ed allungare insensibilmente la sciabola per colpirvi con tutta facilità. Vi avverto, che per evitare questo pericoloso incontro dovrete slanciarvi in addietro e

---

[107] Chi si difende ha l'arma in linea, in questo caso, l'avversario la sposta e tira, la parata più conveniente è quindi una ceduta di prima, perché la contro di quarta richiederebbe troppo tempo.

[108] La lama è orientata verso il basso ma non perpendicolare a terra, infatti la punta è avanti.

nell'egual tempo opporvi colla parata di *quarta,* procurando anche di essere ben composto in guardia, che così operando toglierete la misura all'inimico, quindi per contro riposta vibrategli o il colpo al fianco esterno, od altri colpi che vi riescano con maggiore facilità.

Se minutamente volessi dettagliarvi gli accidenti tutti della sciabola, avrei duopo di molto estendermi, poiché non avendo essi limite, in grande errore incorrerebbe colui che l'estensione tutta misurare ne volesse.

I pochi avvertimenti che qui vi diedi, mi sembrano sufficienti per usare della sciabola con maestria e maneggiarla con sicurezza.

Passerò quindi a conchiudere le mie riflessioni col dirvi che uno schermitore render si deve così naturale alla mano ed alla mente tutto ciò che ho detto da saperlo porre in pratica come per abitudine. Perciò colui che desidera riescire forte spadaccino dovrà incessantemente affaticarsi, per far ubbidire il corpo alla volontà, ed acquistare velocità ed arte, affinché la mano operi sempre con eguale maestria anche in quei momenti nei quali vien deciso della sua gloria e perfino della sua esistenza.

Con questi elementi in Gratz, ove per più anni fui maestro, ebbi la compiacenza di formare dei valenti tiratori, alcuni dei quali ho sopra nominati.

Partito da Gratz nel dicembre dell'anno 1836, e disceso a Trieste, dove mancava un abile istruttore, ripresi qui le mie lezioni, e fui ben presto consolato della dolorosa perdita fatta de' miei buoni amici e mecenati stiriani, trovandomi anche qui circondato da scelta e volonterosa gioventù, che con tutto impegno si dedicò ad apprendere la generosa arte da me professata.

Ed in Trieste pure giunsi a formare dei dilettanti di assai capacità, alcuni dei quali mi permetto di qui registrare, non tanto per loro quanto per mio onore, e sono i signori Francesco Wallop, Giuseppe Ambonetti, Francesco Dubbane, dott. Michele Häntschl, Demetrio Chaudoin, Giovanni Gattorno, dottor Federico Mauroner, dott. Pietro Campiutti da Udine, signor Konow, Giuseppe Pavia, Drago Popovich, fratelli Gazzoletti, Francesco Ragazzi, Teodoro Boisdechesne, dottor Jenny, Bartolommeo Streiff, signor Jeralla, dottor Gio. Battista Princivalli, e i signori fratelli Enrico e Giuseppe Hirschberg.

Mi reputerò poi sommamente felice, se questo mio trattato verrà dalla colta gioventù letto e studiato, e se così potrò avere contribuito e coll'opera e cogli scritti, ad accrescere lustro a questa nostra patria, e splendore, e sicurezza all'Impero felice del clementissimo nostro Monarca FERDINANDO I., a cui DIO conceda lunghi anni di pace, e di gloria, giusto compenso alle luminose virtù, che lo adornano, e che segneranno un'epoca felice nella storia degli Stati Austriaci.

Sciabole e spade

Una domanda legittima che il lettore può porsi è: a quale sciabola si applica il metodo descritto nel manuale di Bertolini? La risposta non è univoca, infatti, il Maestro descrive diverse tipologie di sciabole atte all'uso, in termini molto generali. Le lame delle sciabole possono essere scanalate o avere una nervatura, che le rende robuste ma leggere; Bertolini le preferisce piuttosto lunghe e munite di una guardia. L'unico tipo di sciabola che l'autore del trattato preferisce evitare è quello dalla lama molto curva, d'ispirazione orientale. Le illustrazioni ci aiutano solo fino a un certo punto, infatti, da esse possiamo desumere che la lama è curva e la sciabola ha una guardia a protezione della mano. La sciabola illustrata nel trattato è poco ricca di particolari.

Sciabole scanalate

Le sciabole scanalate erano molto popolari nel periodo in cui Bertolini prestò servizio, ve ne sono molti tipi e val la pena menzionare la classe più rilevante, a mio avviso, che è quella delle sciabole da ussaro a lama curva e guardia semplice. Diverse nazioni se ne servirono, con qualche variazione, mantenendo le caratteristiche base: lama piuttosto curva e larga, adatta al gioco di taglio, montata su una guardia piuttosto semplice, consistente in un ampio para-nocche.

Vi sono, ovviamente, altre tipologie di sciabole a lama scanalata, diverse per destinazione o particolari morfologici.

Le guardie furono, in alcuni casi, rese più protettive, aggiungendovi delle barre (si veda la 1803).

Figura 1: Sciabola francese della Guardia Imperiale

Figura 2: Sciabola da ussaro del Regno delle Due Sicilie[109]

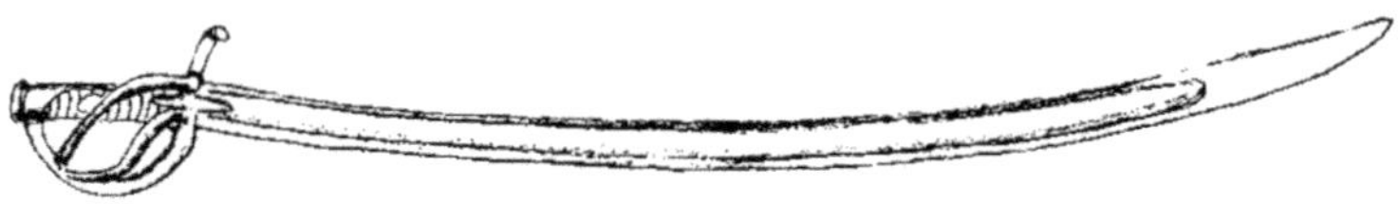

Figura 3: Sciabola francese anno XI (1803)

Figura 4: Sciabola francese per ufficiali della fanteria leggera

[109] Descritta anche in: Cesare Calamandrei, *Armi bianche militari italiane,* Editoriale Olimpia, Firenze, 1987, p. 331

Le sciabole costolate

Nel periodo in cui fu scritto il manuale oggetto di questo libro, le sciabole con una costolatura della lama erano particolarmente popolari. La tipologia di lama permette di mantenere una rigidità adeguata, con pesi non eccessivi, il che non significa che tutte le sciabole di questo tipo siano leggere. Il difetto principale di questo tipo di arma è che la costolatura può creare un attrito notevole, quando il taglio è portato a segno, limitandone l'efficacia.

Queste sciabole a lama costolata, ragionevolmente lunga, e dotate di una guardia protettiva appaiono rispondenti ai criteri di Bertolini sotto ogni punto di vista. Questo non significa che le sciabole illustrate in precedenza siano inadatte all'uso col metodo esposto nel manuale.

Una tipologia di sciabola diffusasi in Austria e negli stati italiani preunitari, nel periodo della restaurazione, ha molte delle caratteristiche ricercate.

E' da notare che alcune sciabole illustrate mostrano un ritorno alla lama scanalata.

La sciabola austriaca mostra una caratteristica che sarà popolare, tra le sciabole d'ordinanza: la lama scanalata con la punta a "lancia", la combinazione permette di avere una lama ragionevolmente leggera e una punta efficace.

Una sciabola che cerca di coniugare caratteristiche morfologiche nuove e vecchie è la 1850 austriaca da fanteria. Le sciabole poco curve, dalla punta aguzza e maneggevoli sono il frutto dell'idea di coniugare il meglio della sciabola con il meglio delle spade della cavalleria pesante e della fanteria. Bertolini stesso non portava una sciabola, durante il servizio nei dragoni, ma una spada dritta da taglio e punta della quale apprezzava la versatilità.

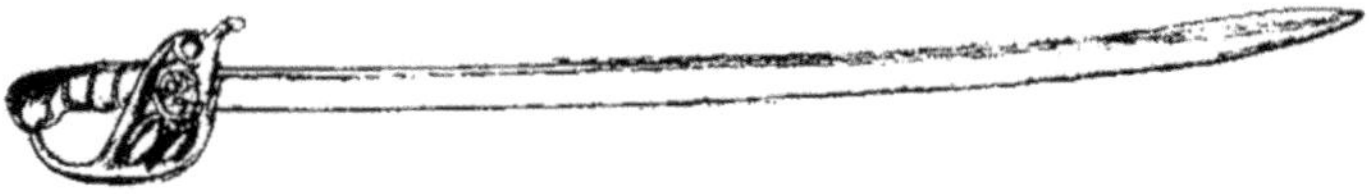

Figura 5: Sciabola britannica da ufficiale di fanteria, 1822

Figura 6: Sciabola francese, 1850

Figura 7: Sciabola piacentina

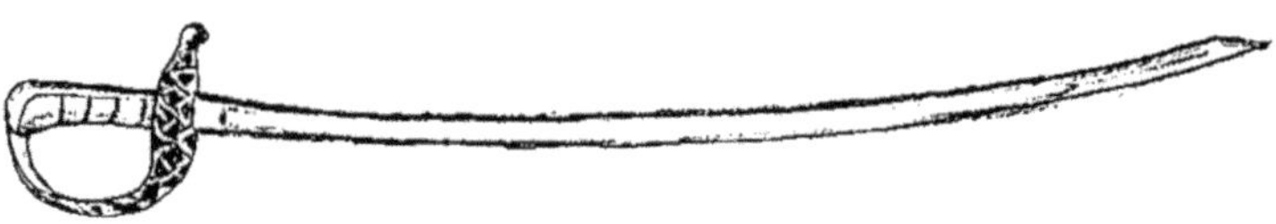

Figura 8: Sciabola toscana[110]

[110] Cesare Calamandrei, *Armi bianche militari italiane*, Editoriale Olimpia, Firenze, 1987, p. 305

Figura 9: Sciabola austriaca, 1845

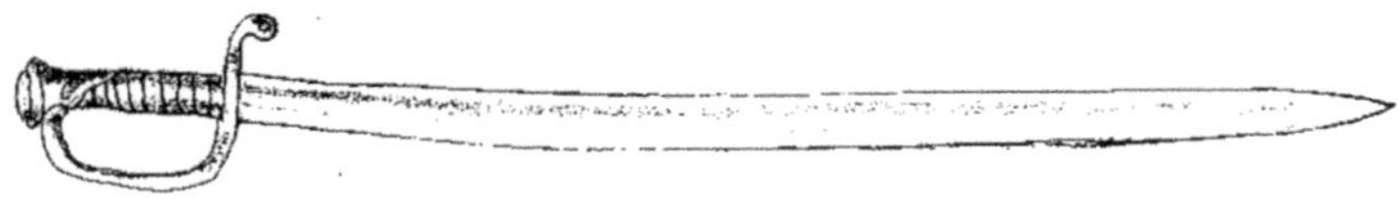

Figura 10: Sciabola francese da ufficiale di fanteria, 1845

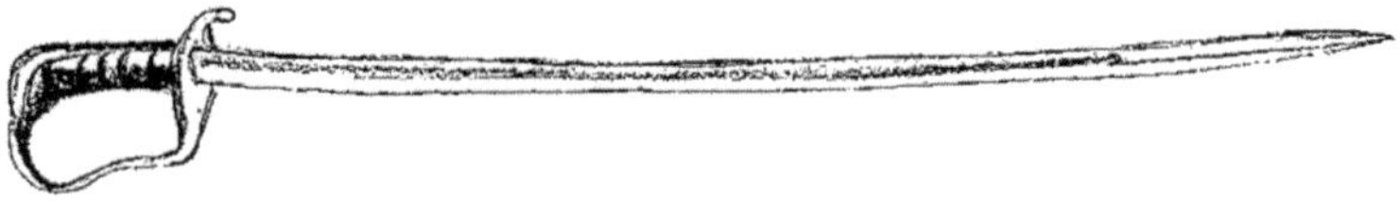

Figura 11: Sciabola austriaca 1850 da ufficiale di fanteria

Figura 12: Spada francese dei Dragoni

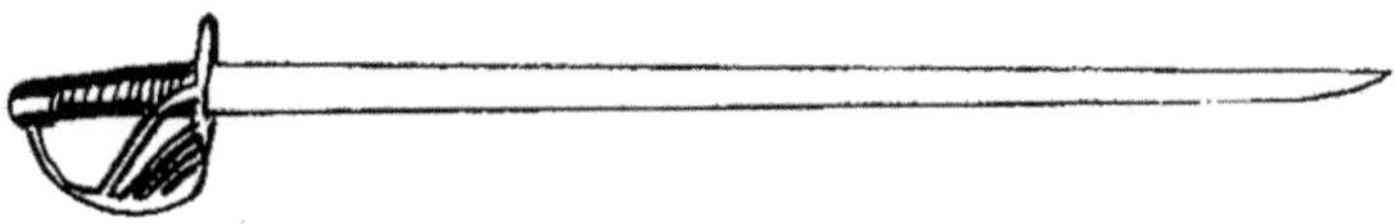

Figura 13: Spada della Gendarmeria anno IX (1800)

Le sciabole corte

Come fa notare Bertolini, alcuni preferiscono le sciabole corte, queste furono incredibilmente popolari nel periodo delle guerre napoleoniche, perché erano usate come armi di riserva dalla fanteria, munita di moschetti e baionette.

Anche la Marina, in vari paesi, faceva uso di sciabole corte e robuste.

Figura 14: Briquet francese della Gendarmeria

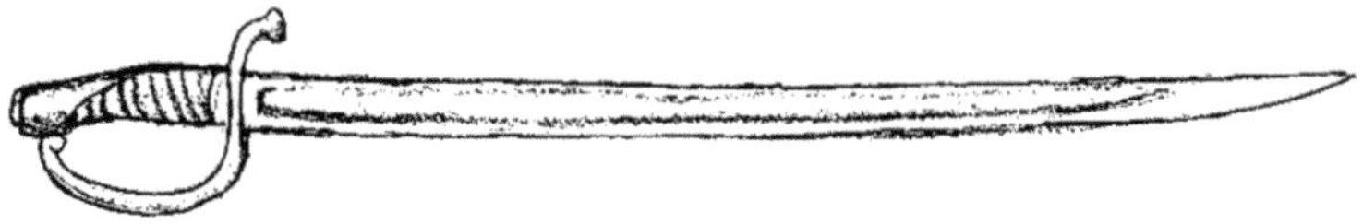

Figura 15: Briquet della Guardia Nazionale

Book in English

Introduction

The purpose of this book is to make a forgotten method of sabre fencing available to the historical fencing community, a method written by a very educated master: Bartolomeo Bertolini.

I do not mean to give information to the criminal or to the bully. Such people will not find anything useful here, other than a true fencing method in case they want to rethink their relationship with blades and to start fencing properly.

In my opinion, the sabre is the rising star in Historical European Martial Arts: simple and effective, usually described in manuals that are easy to read. The treatise you are about to read is not simply a sabre manual; the author had fifty years of experience when he wrote it, in the salle and in the field, and it shows in his work. Maestro Bertolini is the Fiore Dei Liberi of the sabre.

Finding and getting hold of the original book has been an adventure, but it has been worth the effort. Bertolini's system is now the main fencing method taught in my school.

I thank the Biblioteca dei Civici Musei di Storia ed Arte di Trieste for preserving the original manual and for giving me their permission to republish it.

Foreword

In the shadow of the eagles and the sabres.
Thoughts on the post Napoleonic Italian sabre school.

I met Carlo for the first time many years ago, he was teaching a broadsword workshop in Castrocaro Terme. I soon got to appreciate his deductive thinking and the great passion he put in what he was explaining. A friendship was born that lasts to this day, and I hope will last forever, friendship that is supported by our common passion for the sabre.

Carlo is correct, when he writes:

> in my opinion, the sabre is the rising star in Historical European Martial Arts: simple and effective, usually described in manuals that are easy to read. The treatise you are about to read is not simply a sabre manual; the author had fifty years of experience when he wrote it, in the salle and in the field, and it shows in his work. Maestro Bertolini is the Fiore dei Liberi of the sabre.

The Tyrolean Bartolomeo Bertolini was born in Trento in 1766. His family was from Pergine Valsugana, which was part of the episcopal principality of Trento (*Fürstbistum*), at the time, and of the hamlet of Roncogno.

His ancestor was Stefano Bertolini from Vermiglio, which was a municipality on the border of the princely county of Tirol (*Gefürstete Grafschaft Tirol*), near the Tonale pass. Stefano became citizen of Trento and moved to Valsugana, where the family has always lived since then (in Pergine and in Valsugana), and where Bertolini was born.[111]

[111] The documents on the Bertolini family can be found in: Biblioteca Civica, Trento, *Fondi antichi e Sezione trentina, Archivi,*

A very interesting fact about Bertolini is that he lived at the same time as Tirol's hero, Andreas Hofer (born St. Leonhard in Passeier, 1767; died in Mantua, 1810),[112] who fought to the death against the Franco-Bavarian domination of Tirol, and was shot by the French in Mantua on the 20th of February 1810. The lives of the two warriors are related: one, Bertolini, was a traitor of his homeland and king (which is a historical fact); the other, a martyr who defended his homeland's freedom against the side on which Bertolini fought.

The theme of betrayal and repentance is visible in the master's biography.

We know that he moved to France in 1789, traveling through Switzerland (a natural itinerary, and the shortest one, for somebody who lived in Trento). The reason for this travel is not explained by the master, who merely mentions a sad event. It is hard to figure out what event he is talking about, but in 1789 the French Revolution began – a social, political and cultural earthquake that lasted until 1799, that spread all over Europe and also assumed a violent and bloody form.

Bertolini enlisted in the French Army in 1791, in which he served though his entire career until 1815, when he fought for Napoleon at Waterloo.[113]

His biography before 1815 can be reconstructed by reading some of his own literary works,[114] some of which were

---

BCT1, *Fondo miscellaneo, Famiglia Bertolini*, 2414, 2480, 2518 (years 1669-1811).

[112] M. Pizzinini, *Andreas Hofer. Seine Zeit – sein Leben – sein Mythos*, Innsbruck-Bozen, 2008.

[113] B. Bertolini, *La campagna di Russia e il tramonto di Napoleone (1812-1815)*, Milano, 1940, *passim*.

praised even by Alessandro Manzoni,[115] and also by reading his fencing manuals. It is the biography of an active soldier, totally committed to the ideals of the revolution in their realistic aspects rather than conceptual, complete with full heroism, sad events, and exceptional events that he shared with those who were his friends, such as Giovanni Battista Rossi di Rovereto (another family from Tirol and Valsugana,[116] but related to the Counts Rossi of Parma).[117]

As Carlo writes:

---

114 B. Bertolini, *Il veterano d'Oriente, ossia carriera militare anedotica del cavalier Bartolomeo Bertolini di Trento, scritta da lui medesimo,* Trieste, 1839;

B. Bertolini, *Giorni d'orrore, avventure particolari accadute al cavalier Bartolomeo Bertolini di Trento, antico ufficiale di cavalleria, e ad alcuni suoi compagni d'armi dal giorno 13 a1 28 novembre 1812 nella campagna di Russia, scritte da lui medesimo,* Verona, 1847;

B. Bertolini, *La mia prigionia in Russia, racconto storico di Bartolomeo Bertolini da Trento, antico capitano di cavalleria, cavaliere della Legione d'Onore, attualmente in Brescia,* Brescia, 1861;

B. Bertolini, *La campagna di Russia e il tramonto di Napoleone (1812-1815),* Milano, 1869.

115 See the introduction by Carlo Parisi.

116 Biblioteca Civica, Trento, *Fondi antichi e Sezione trentina, Archivi, BCT1, Fondo miscel-laneo, Famiglia Fontana,* 2891/111: "1739 luglio 3. Nicolò Bettini di Rovereto assolve pagamento verso il suocero Antonio Rossi di Borgo Valsugana".

117 The Rossi family moved, around the mid XIX century, in Val di Fassa, in Vigo to be more precise, as we can read on a tombstone that still exists in the porch of the church of the Nativity of John the Baptist.

> Bertolini's political ideas were not at all liked in the Austrian Empire. In fact, he was closely scrutinised by the police, and, according to Ettore Fabietti, it was the Austrian police that sent him to Graz around 1830, because of his dangerous ideas that just couldn't be corrected.

The master, after the decline of the Corsican general, was a middle aged man who had to make a living for himself in the homeland that he betrayed in 1789. Not having a chance to receive a pension from France, and under the eye of the Habsburg police, he decided to use what he learned in 24 years of military career in the Armée Révolutionnaire Française and in the Grande Armée, so he began teaching fencing, which he did for a long time in the Austrian Empire first and Austro-Hungarian Empire then.

I tend not to assume that the Graz period was a punishment for Bertolini. Graz used to be (and still is) the second largest university of the Austro-Hungarian Empire (and now of the Austrian Republic). Founded in 1585 by the Archduke Karl II of inner Austria (*Innerösterreich*), it was officially recognised on the 14th of April 1586.[118]

---

[118] About the University of Graz, see: F. Krones, *Geschichte der Karl Franzens-Universität in Graz,* Graz, 1886;

G. Wesener, *Römisches Recht und Naturrecht,* (*Geschichte der Rechtswiss. Fakultät der Universität Graz,* Teil 1), Graz, 1978;

G. Wesener, *Österreichisches Privatrecht an der Universität Graz,* (*Geschichte der Rechtswiss. Fakultät der Universität Graz,* Teil 4), Graz, 2002;

W. Höflechner, *Zur Geschichte der Universität Graz,* in K. Freisitzer, W. Höflechner, H.L. Holzer, W. Mantl (eds.), *Tradition und Herausforderung. 400 Jahre Universität Graz,* Graz, 1985, pp. 3-141;

In the Styrian capital, there are a great number of students, and it used to be this way in the past as well – the student brotherhoods used to practise a form of ritualised and strictly codified duels called *Mensur*, that involve two male members of a brotherhood (*Studentenverbindungen*). The *Mensur* was practised with sharp blades (and maybe it still is to this day) since the 16th century in German-speaking areas.

Bertolini would have found, under the proverbial (or patronising?) Habsburg tolerance, many professional opportunities that would have allowed him to have a decent life, like many other Italians at the time.[119] Bertolini moved from Graz to Trieste in 1836, where he opened a fencing school and taught several skilled students that he mentions in his sabre treatise.[120] The Ligurian Giovanni Gattorno was one of them.[121]

W. Höflechner, I.M. Wagner, *Geschichte der Karl-Franzens-Universität Graz – Von den Anfängen bis in das Jahr 2005*, (*Universität Graz: Allgemeine wissenschaftliche Reihe*, Band 1), Graz, 2006.

[119] Like the Ligurian Michele Isnardi, fencing master in the prestigious Theresian Military Academy (*Theresianische Militärakademie*) founded in 1751 by the Empreress Maria Theresia in Wiener Neustadt. See: *Breve trattato di scherma alla sciabola di Carlo Tambornini, maestro di scherma al regio Collegio di Marina in Genova*, introduction and interpretation by D. Calcagno, with the *Istruzioni e norme generali sulla scherma della baionetta di Pietro Spinazzi (Genova 1851)*, Genoa, 2019, p. XXVI.

[120] B. Bertolini, *Trattato di sciabola*, Trieste, 1842, pp. 85-87.

[121] B. Bertolini, *Trattato di sciabola*, Trieste, 1842, pp. 86-87.

Giovanni Gattorno is mentioned in the 21st Company, Quartiere di Portoria, in the provisional government of Genoa, session of the 28th July 1797; he is one of the candidates for the election of

In the capital of the Austrian shoreline (*Österreichisches Küstenland* from 1849), Bertolini published four of his seven books.[122] The Habsburg censorship used to be more vigilant in the Lombardo-Veneto area than in the loyal town of Trieste in which not much attention was paid to what was published, although in 1866 the emperor Franz Joseph I had to start worrying about it.[123]

---

the console of the Ligurian Nation in Nizza and Livorno. See: *Registro delle sessioni del Governo provvisorio della Repubblica di Genova dal giorno della sua installazione, 14 giugno 1797*, Stamperia Nazionale, Genoa, 1797, pp. 41, 141.

In 1829 he is mentioned in the list of creditors for the first class French liquidation for the unpaid credits of the former Banco di San Giorgio of Genoa. See: *Notificanza della regia Commissione superiore di liquidazione colla quale viene pubblicato un nuovo elenco di creditori, sì particolari che Corpi amministrati, verso la liquidazione francese di Ia classe in data 10 giugno 1829*, Stamperia Reale, Torino, 1829, p. 1).

In 1848, he was one of the directors of the Mediterraneo Banco d'Assicurazione di Trieste. See: *Manuale provinciale del Litorale Austro-Ilirico per l'anno 1848*, I. Papsch & C. tip. del Lloyd Austr., Trieste, 1848, p. 217.

[122] Here are the books in chronological order: *Il veterano d'Oriente* (Trieste, 1839); *Trattato di sciabola* (Trieste, 1842); *Trattato di contrapunta* (Trieste, 1844); *Trattato di scherma relative alla spada* (Trieste, 1844); *Giorni d'orrore* (Verona, 1847); *La mia prigionia in Russia* (Brescia, 1861); *La campagna di Russia* (Milano, 1869).

[123] See: H. Bresttner-Messler, *Die Protokolle des Österreichischen Ministerrates 1848-1867. V Abteilung: Die Mini-serien Rainer und Mensdorff. VI Abteilung: Das Ministerium Belcredi*, (*Österreichischer Bundesverlag für Unterricht, Wissenschaft und Kunst*), Wien, 1971;

J. Baurmann, H. Gunther, U. Knoop, *Homo scribens: Perspektiven der Schriftlichkeitsforschung*, Tübingen, 1993, p. 279.

Bertolini's treatise dedications, as Carlo points out, are a testimony to the relations the master had and to their quality. Although the sabre manual, the subject of this book, seems at first to be unrelated to the Habsburg patronage, it not really so.

On the 14th of December 1831, the Count Ettore Carlo Lucchesi-Palli[124] had in Rome secretly married the Duchess of Berry, Maria Carolina di Borbone delle Due Sicilie.[125] The Duchess of Berry was, in my opinion, the real patron of Bertolini; not her husband, to whom the treatise is dedicated.

After the murder of her husband, Maria Carolina created a cultural circle at the Tuileries: she was not fond of etiquette and used to love people (showing characteristics more Habsburg than Borbone), and she was very interested in fashion. She was the patron of painters, musicians, and writers. Until 1830, she also sponsored the Gymnase theatre that used to be known as "Madame's" theatre. After the July revolution, she followed the exiled Charles the 10th, and tried to get the position of regent for the son, Count of Chambord, also known as Henry the 5th. She went back to France secretly in 1832 and tried to restart the religious wars in Vendee, but the operation failed rapidly. Betrayed in Nantes by a man named Deutz, she was arrested by the police of the minister of internal affairs, Thiers, after attempting to escape through the chimney.

---

[124] Born in Palermo, 1806; died in Brunnsee, Styria, 1864. Seventh Prince of Campofranco and fourth Duke of Graz. Son of Carlo X, King of France.

[125] Daughter of Francesco I di Borbone (King of the Two Sicilies) and of the Archduchess Maria Clementina of Asburgo-Lorena (who was also the daughter of the Emperor Leopoldo II of Asburgo-Lorena).

Later there was a scandal: she had been involved in the misguided riot attempt, and she was the widow of the son of Charles the 10th (murdered in 1820 and martyr of the royal house), and therefore the mother of the heir to the throne; and while she was held captive in the Blaye fortress, she gave birth to a daughter, whose father was clearly not the deceased husband.

At that time, her secret marriage with the Count Lucchesi Palli became known. After being arrested, she left France, went to Palermo and then to Prague, where the King of France would grant her audience only if some conditions were met. He granted her audience between the 13th and the 18th of October 1832 in Ljubljana.

Maria Carolina moved to Belgium and then to Austria, more precisely in Brunsee, Styria, where she died in 1870.[126] Carlo mentions the fact that Bertolini reminds the dedicatee of the sabre treatise that he knelt before him in Graz. The squadrone manual is also dedicated to an important element of the Habsburg world: Federico di Schwarzenberg,[127] Major General of the Austrian Army (*Kaiserlich-Königliche Armee*) since 1851.

---

[126] See: A. Castelot, *La Duchesse de Berry d'après des documents inédits*. Neuausgabe, Paris, 1996;

A. Castelot, *La Duchesse de Berry ou la mere persécutée*, Paris, 1998;

H. Kremers (ed.), *Marie Caroline Herzogin von Berry. Neapel, Paris, Graz, Lebenswege einer Prinzessin der Romantik*, Wien-Köln-Weimar, 2002.

[127] Friedrich Karl zu Schwarzenberg, who lived from 1800-1870. He was the eldest son of the Field Marshal Karl Philipp zu Schwarzenberg (1771-1822) and of Countess Maria Anna von Hohenfeld (1768–1848).

It must be said that his father Karl Philipp (1771-1820) had been one of the most capable Austrian commanders of the Napoleonic era. Napoleon held him in great esteem, so he insisted that Karl Philipp take command of the reserve Austrian troops during the Russian campaign in 1812, when Austria was allied with the French Empire. In 1813, when Austria turned against the French Empire, the Prince of Schwarzenberg (just promoted to Field Marshal) took command of the Bohemian Army, which he led to victory in 1813-1814, entering Paris and dethroning Napoleon. At the time, one of his most valiant subjects was General Gebhard Leberecht von Blücher, the hero of Waterloo.

The dedication to the Prince of Schwarzenberg (that had to be approved, in order to be included in the book, as usual) is a heartfelt repentance and declaration of faith in the Austrian imperial house, sovereign of the Tyrolean homeland, and the quality of these dedicatees demonstrates that forgiveness had been granted.

The biography of Bartolomeo Bertolini shortly intersects that of another 19th century, post Napoleonic reformer for sabre fencing, Alberto Marchionni, who also served in the Armée Révolutionnaire Française and in the Grande Armée for a long time. On the 19th of July 1829, in the fencing hall of Campo Santo behind the cathedral of Milan:

> Professors of arms Bolognini, Rossi, and Bertolini, teach with great honour for themselves and benefit for the students, those who are willing to learn from their lessons. Milan's society was invited, in this prestigious institute, in the morning of the 19th of July, to a fencing academy, in which a foreign fencing teacher would give an exhibition. He was Alberto Marchionni, fencing master in the Royal Navy College of his Sardinian Majesty in Genoa. The interest in this art is shown by the number of young participants and their disposition. That morning, the valour of Marchionni is attested by the

> general approval of the exhibition by the audience. He proved to be a first rate fencing artist in the displays against the mentioned professors. He showed equal skill in defence and offence. When attacked, from what I've seen, he does not stick to a specific school but he uses elements of all the styles he knows. He's brave and cautious, he's a quick sight and a steady wrist, he's composed, slim and fit. He amused the spectators with some well thought and well executed actions, in which he was assisted egregiously by his competitors. In the last exhibition, against Bolognini, that spectators could watch more freely, it has been really astonishing to see the two professors mastering such a difficult art at such a high level. I cannot show my satisfaction, shared by his competitors, for Bolognini's skill, if not by attesting the great commendation he received by audience and the memory of his great merit that remains in Milan.[128]

Marchionni learned by serving in the Napoleonic Army as well. His career is detailed in the "Preface to the young Italians" in his *Fencing Treatise* of 1847 (actually released in 1854): he had enlisted at age 15, and like Bertolini remembers with nostalgia the campaigns in Europe and Egypt, during which:

---

[128] See: *Breve trattato di scherma alla sciabola di Carlo Tambornini, maestro di scherma al regio Collegio di Marina in Genova,* introduction and interpretation by D. Calcagno, with the *Istruzioni e norme generali sulla scherma della baionetta di Pietro Spinazzi (Genova 1851),* Genoa, 2019, pp. XXXVIII-XXXIX, note 25.

> Since I had been training in fencing for some time already and I had taught lessons, I resolved to leave the regiment and devote myself to fencing. I did it, and, being dismissed in 1825, I became master at arms.[129]

His career is similar to Bertolini's. The two masters may have known each other and can be considered the two reformers of the fencing of their time, for the clarity and practicality of their doctrine, as Carlo points out.

Marchionni started travelling though Italy in 1826, to visit its main fencing schools. Once he arrived in Genoa, he was promoted to be fencing master of the Royal Navy School.[130] He then moved to France, because of his connection with Mazzinians, and came back to Italy later.[131] In Genoa, Marchionni taught, among other disciples, Carlo Tambornini, who was the last exponent of the Italian fencing derived from the Napoleonic era. His *Brief Treatise* of 1862 attests the connection between the two, although it was printed 20 years later.

Both Bertolini and Marchionni were educated in the context of war, under the commands of Napoleon's

---

129 See: *Breve trattato di scherma alla sciabola di Carlo Tambornini, maestro di scherma al regio Collegio di Marina in Genova,* introduction and interpretation by D. Calcagno, with the *Istruzioni e norme generali sulla scherma della baionetta di Pietro Spinazzi (Genova 1851)*, Genoa, 2019, pp. XXXIX-XL, note 26.

130 The main academy for navy officers of the Kingdom of Sardinia and later of the Kingdom of Italy, until the foundation of the Naval Academy of Livorno in 1878-1881.

131 See: *Breve trattato di scherma alla sciabola di Carlo Tambornini, maestro di scherma al regio Collegio di Marina in Genova,* introduction and interpretation by D. Calcagno, with the *Istruzioni e norme generali sulla scherma della baionetta di Pietro Spinazzi (Genova 1851)*, Genoa, 2019, pp. XXXIX-XL, note 26.

generals, who were victors against the whole of Europe until 1812. In that context they learned, they exchanged experiences and knowledge, they had the possibility to become familiar with the fencing schools of the Ancient Regime, so that they could forge the new school using their experience.

Bertolini received several of wounds in combat, as an *a posteriori* testimony of the effectiveness of his method, wounds that should give the modern HEMA practitioner something to consider:[132]

French Empire, First Military Division, Third Corp of the Grande Armée

Years	Wounds Received	Place & Circumstances
1791-1793	3	France, public order service
1794-1795	1	Anjou
1796	1	Rhine
1797-1798	0	Vendee
1798	1	Egypt
1799	0	Grisons, under Macdonald
1800	0	la Rochelle
1801-1803	0	America
1804	4	during naval combat
1805	0	Rhine
1806	0	Rhine, Prussia, assault of Colberg

[132] See: B. Bertolini, *Il veterano d'Oriente, ossia carriera militare anedotica del cavalier Bartolomeo Bertolini di Trento, scritta da lui medesimo*, Trieste, 1839;

A. Berlam, *Il veterano napoleonico cavalier Bartolomeo Bertolini, scrittore di memorie e maestro di scherma*, in *L'Archeografo triestino: raccolta di opuscoli e notizie per Trieste e per l'Istria*, series III, volume VII / XXXV (1913), pp. 269-277 (in particular pp. 273-277).

French Empire, Fourth Army Corps, Royal Guard Division

Years	Wounds Received	Place & Circumstances
1807	0	appointed ordnance accommodation marshal in the horse artillery company of the Royal Guard
1808	0	?
1809	5	Wagram
1809-1810	0	Catalonia
1811	0	Bertolini volunteers for the Russian campaign
1812	severe	Witebsk, Smolensk, Moskowa where he is taken prisoner
1812	3	related to the battles of Witebsk, Smolensk, Moskowa

This is a suggestion I give to Carlo: it is worth researching how much material, in the sabre fencing treatises of the Germanic area in the first half of the 19th century, is not related to the Italian fencing master. This is a difficult and long research to do, primarily because of the language barrier.

While we don't want to restart an old argument, it is important to remind the reader that Luigi Barbasetti (Udine 1859, Verona 1948), who had been a student of Masaniello Parise in Rome and master at the Military Academy in Modena and at the Fencing Club of Trieste (still part of the Austrian empire), accepted the invitation of Ryshanek, master of the military fencing school of Vien, that he met at a fencing tournament at the Scala theatre in Milan, 1894, and opened his own Barbasetti Salle in Wien, Hauptstat in Annagasse, 4. Barbasetti founded the Union-Fechtclub Wien and, in 1904, the Akademie der Fechtkunst Österreichs.

The strength of Bertolini's treatise, as Carlo writes, comes from the fact that he could "verify" his advice, principles, and techniques on the battlefield (as he does in his several war stories). It is for this reason that the author tried to use a simple, clear and effective language. Among the Italian masters there are some pioneers to remember, the two friends Rosaroll Scorza and Pietro Grisetti and their manual of 1803,[133] and Paolo de Scalzi for his unfinished first edition of the 1835 manual,[134] which was heavily influenced by Rosaroll Scorza and Grisetti. Although these manuals deal with epee fencing, they rationalise and describe the fencing practice of the time.

In summary, Carlo's book is an unprecedented research on the subject of Italian fencing in the first half of the 19th century; unpublished so far, but necessary to understand the birth and development of the Italian fencing school in the 19th and the 20th centuries.

Carlo, being a good researcher, takes into consideration also the sabres, the instruments used in Bertolini's time, the French sabres and swords and their variations, the famous hussar sabres that influenced the 1796 British sabre and the 1811 Prussian sabre, the very well known "Blücher". It is very important to handle the original swords for which the manuals were written. The 1811 evolved in the Austrian Empire into the 1837 and the 1849 infantry officers' sabre (probably the last that has been effectively used in combat), and the 1861 is still in use in the Heer of the Austrian

---

[133] Baron G.M. Rosaroll-Scorza and P. Grisetti, *La scienza della scherma esposta dai due amici Rosaroll Scorza, capitano dei Zappatori italiani, aggiunto allo Stato Maggiore del Genio, e Grisetti Pietro, capitano di artiglieria italiana,* Milano, 1803.

[134] P. De Scalzi, *La scienza della scherma esposta per lezioni teorico-pratiche dal professor Paolo De Scalzi di Genova,* Verona, 1835.

Republic. In Italy, the French officers' sabre inspired the 1833 fortress custodians' sabre, while the hussars' sabres inspired the 1831/1834 and the 1855 models.

It is not a coincidence if, in the illustrations of the *Brief Treatise* (1862) of Carlo Tambornini, we can see that he preferred an older kind of sabre (the 1855, without a doubt, as some originals that used to belong to the Genovese master attest). Tambornini had the possibility to appreciate in the field the effectiveness of the Austrian model 1837 and of the newly introduced 1861.

The mass distribution of the various models is totally different and this influences handling, something that should be researched in the future. The handling method of Bertolini and Tambornini are intended for a specific kind of sabre, and will prove ineffective with a cavalry sword that is used while on foot.

Carlo's work is complete in every aspect and should be taken as a model for future editions of sabre manuals.

Carlo is absolutely right: "the sabre is the rising star in Historical European Martial Arts: simple and effective, usually described in manuals that are easy to read". Simple and effective, but also noble and elegant, we add, like the dear Carlo.

Daniele Calcagno

Genoa, 5th of May 2021

About the Master, his campaigns, and his fights

I believe it is important to know about the person who wrote the manual you are about to read. Many fencing masters spent their life teaching fencing, but the author of this treatise had a significant combat record: he was not only about theory, and he had practical skills with blades, firearms, and horses. This combination of knowledge helped him survive some of the most dangerous situations a man could face in the late 18th and early 19th centuries.

In this introduction, I will discuss some of the events of the Master's life, offering my own translations of his own words when he narrates fight or an important event. Bertolini documented his military career in his own books, so I will use them to illustrate his life and feats. These books are:

- *Il veterano d'Oriente, ossia carriera militare anedotica del Cavalier Bartolomeo Bertolini di Trento, scritta da lui medesimo*, Weis, Trieste, 1839. For simplicity, the title can be translated as *The Eastern Veteran, the military career of Bartolomeo Bertolini.*
- *Giorni d' Orrore, avventure particolari accadute al cav. Bartolomeo Bertolini di Trento, antico ufficiale di cavalleria, e ad alcuni suoi compagni d'armi, dal giorno 13 al 28 Novembre 1812, nella campagna di Russia, scritte da lui medesimo*, Antonelli, Verona, 1847. This book is a continuation of the previous one and the title can be translated as *The Days of Horror: adventures of Bartolomeo Bertolini of Trento, former cavalry officer, and his comrades, between the 13th and the 28th of November, 1812, during the Russian Campaign, written by himself.*

- *La mia prigionia in Russia, racconto storico di Bartolomeo Bertolini da Trento, antico capitano di cavalleria, cavaliere della Legione d'Onore, attualmente in Brescia,* Venturini, Brescia, 1861 (this is the third and expanded edition). This title can be translated as *My captivity in Russia, historical account by Bartolomeo Bertolini, former cavalry officer and knight of the Legion of Honour, currently in Brescia.*
- *La campagna di Russia e il tramonto di Napoleone (1812-1815),* A. Mondadori, Milano, 1869.[135] The title can be read as *The Russian Campaign and the fall of Napoleon.*

Other information about his life can be found in his fencing manuals, mostly in terms of his life after he retired from the army.

- *Trattato di Sciabola,* Weis typography, Trieste, 1842. The title can be translated as *Sabre Manual.*
- *Trattato di Contrapunta scritto da Bartolomeo Bertolini, Cavaliere della Legione d'Onore, dedicato a S.A.S. Federico de Schwarzemberg, duca di Krumau,* Weis typography, Trieste, 1844. The title can be translated as *Contra-pointe treatise, written by Bartolomeo Bertolini, Knight of the Legion of Honour, dedicated to his lordship Federico of Schwarzemberg, duke of Krumau.*[136]

---

[135] The original version was written in 1869, although my copy is a later version by a different publisher: *La campagna di Russia e il tramonto di Napoleone (1812-1815),* Mondadori, Milano, 1940.

[136] The word Contrapunta is related to the French Contre Pointe, I think Bertolini borrowed it from the French language; however, I can say the word refers to a fencing system that uses both the thrust and the cut.

- *Trattato di Scherma relativo alla Spada,* Weis typography, Trieste, 1844. The title can be translated as *Sword Fencing Manual,* where the word "sword" denotes the duelling epee, derived from the smallsword.

Bartolomeo Bertolini was born in Trento in 1766. In 1789 he decided to move to France, through Switzerland. He does not explain what exactly happened to make him move, but it was a sad occurrence, so he says.

In 1791, the Master enlisted in the French Army. He was in Lione and Tolone, under the command of General Kellermann, then he fought in Vandée under Napoleon. At least since 1796, his unit was that of the Dragoons, a special branch of the French cavalry that also served as mounted infantry. Dragoons were equipped with a rather long bladed straight sword, which Bertolini calls a "squadrone", and with a short musket. These soldiers could be required to charge on horseback, using their swords, or to dismount and fight on foot, firing their muskets.

His next assignment was the Egyptian campaign, where he took part in the battle of the Pyramids, which is also mentioned in his squadrone or backsword manual:

> I will here mention the memorable day of 23rd July 1798, at the Pyramids, Egypt. We were up against an army of a much larger size than ours, led by Mourad Bey, and we were surrounded on all sides by strong opposing forces; this situation could have been without remedy, if we didn't count on our skill with weapons. Before the sunset, the whole cavalry, supported by artillery, attacked, making the Arab cavalry flee in a few hours and destroying the core of the army that was supposed to prevent our victories. The way to Cairo was now open

> and we got there, following the channel that brings water from the Nile to Alexandria. This feat was possible because of the squadron-handling skills our units had.[137]

He wrote about the Battle of the Pyramids more than once in his books:

> The 23rd, before the sunset, Bonaparte ordered to move, so we got to the Pyramids on the 24th, full of hopes, because of the great things we heard about them. Bonaparte, with great enthusiasm, rallied the soldiers, saying:
>
> "Heaven will let you win over the Egypt's tyrants; think about this: forty centuries are staring at you from the top of those monuments."
>
> In the meantime, Mourad-Bey arrived and attacked, before we could get into battle formation. We quickly formed two columns to resist him, which we did with so much vigour that, after we struck him with gunfire, we charged with cold steel. You could hear everywhere the voice of the undefeated Bonaparte. He moved in the ranks, smiling to one, reproaching another, encouraged the less brave and made the brave even more so. He was the first to draw the sword, inciting everyone to emulate him, so that the enemy was reached and terribly massacred.[138]

In 1799, the master was then involved in the Siege of Acre against the Ottomans, and in the Battle of Mount Tabor. Again in 1799, Bertolini was in the Battle of Abukir.

---

137 *Trattato di Contrapunta scritto da Bartolomeo Bertolini, cavaliere della Legione d'Onore, dedicato a S.A.S. Federico de Schwarzemberg, duca di Krumau*, Weis, Trieste, 1844, p. 89.

138 *Il veterano d'Oriente, ossia carriera militare anedotica del Cavalier Bartolomeo Bertolini di Trento, scritta da lui medesimo*, Weis, Trieste, 1839, p. 166.

The Austrian campaign saw Bertolini in action in the battles of Montebello and Marengo; therefore, he was in Italy in 1800 and his unit was attached to the Army of Italy.

Sometime after this, the Master's unit was on its way back to France, passing through Switzerland. In the city of Pajerne, south west of Bern, Bertolini and some comrades were involved in repelling a home invasion: they were hosted in the house of a local lady, who had withdrawn some money from the bank, when robbers tried to knock down her door at night. The French soldiers let them open the door, met the incoming thieves with a volley of musket fire, and it was the end of it.[139]

A good point to make about historical martial arts is this: in a historical military context, one might not necessarily fight the enemy. Criminals and people with bad intentions made their way into the army, and you might well have had to contend with people wearing the same uniform, or who were allied with you and yet who wanted to kill you. Bertolini's life, not so different from that of Donald McBane,[140] shows this. While he was in eastern France, he became involved in a street fight that is worth mentioning:

> The 29th of August, provided with enough money, we started the journey, taking the road of Iverdain and Ponthalier, two stations after Bourges, the 25th of September we reached Morantaine (possibly Mofrontaine) and joined our squadron. … I was in a tavern with some comrades, one night, and we happily drank, cheering one another. Too much drinking

---

[139] *Il veterano d'Oriente, ossia carriera militare anedotica del Cavalier Bartolomeo Bertolini di Trento, scritta da lui medesimo,* Weis, Trieste, 1839, p. 261.

[140] Donald McBane; Ben Kerr (ed.), *The Expert Sword-Man's Companion, 1728,* Fallen Rook Publishing, Glasgow, 2015.

> warmed blood and gave birth to some vague arguments. At that time, it was usual to evaluate the talk of weapons, when arguing was not enough. We kept arguing, until one comrade asked me to go out, pretending he had something important to tell me. I agreed, suspecting nothing, but as we went out, he brought me to a lawn on the bank of the Scherè river, and told me one of us would remain there forever. Surprised and angry, I asked why this was happening and he, making fun of me, replied I would know later. In that dark and rainy night, it was a lighting that allowed me to see that other comrades, just as unjust and fierce as he was, were surrounding me with their blades drawn. I never knew for sure to what purpose they had gathered against me, to take my life, I can only presume they were after the little money I had. Up to that point, I had not decided to fight, however, realising the danger I was in, I drew my squadrone and resolved to repel the aggressors, not to be vexed by them. My effort would have been worthless, however, due to the number of aggressors, if a trusted friend of mine hadn't run to my side. Angry and fierce fencers that we were, we charged them and left three dead and several wounded on the ground (including the nephew of General Devosaine), we put the others on the run. We acknowledged, because of this episode, that the righteous heaven will not allow the evil men to prevail, and will protect the innocents.[141]

Shortly after these events, the Master took the decision to leave the Army, to be with his family. A Consul's Decree allowed foreign soldiers to do it, but Bertolini had asked repeatedly for permission to do this and was denied it, so, he resolved to desert with a friend. They escaped wearing civilian clothes, and, since the money they had with them

---

141 *Il veterano d'Oriente, ossia carriera militare anedotica del Cavalier Bartolomeo Bertolini di Trento, scritta da lui medesimo*, Weis, Trieste, 1839, pp. 265-267.

was not enough to feed them all the way, they decided to earn money from public performances: Bertolini's friend was able to sing and play the guitar, and his dog, Filidor, was trained to dance.[142] The Master's friend would also pretend to be a medic and would pull teeth and sell medicines, possibly taken from the army's deposits. They were arrested by soldiers of their regiment, near Chatelneau, on the 5th of July 1801. The two fugitives were sent back to their unit, which was brought to Brest, were they would embark for Santo Domingo.

Bertolini openly states that the purpose of this campaign was to put the Haitians back in chains, after they got their freedom by way of fighting. He disagreed with this, to the point of saying:

> I shall describe the long series of evils, generated by this expedition, that brought the human species, to my eyes, to a lower status than the Brutus.[143]

During the Haitian campaign, Bertolini learnt to dislike General Leclerc and his lack of empathy. First of all, the General had no compassion for the indigenous population, that wanted to become independent. Secondly, he sentenced the Italian Master to death. When Master Bartolomeo was assigned to a scouting mission, that was most probably going to cost him his life, he politely refused, mentioning he had different duties; at that point, Leclerc arranged his execution, which was prevented only by the intervention of General Desforneaux. The Master

---

[142] *Il veterano d'Oriente, ossia carriera militare anedotica del Cavalier Bartolomeo Bertolini di Trento, scritta da lui medesimo,* Weis, Trieste, 1839, p. 269.

[143] *Il veterano d'Oriente, ossia carriera militare anedotica del Cavalier Bartolomeo Bertolini di Trento, scritta da lui medesimo,* Weis, Trieste, 1839, p. 276.

writes that Leclerc had to give up this time, but kept putting him in harm's way as a payback.

Our Master saw quite a bit of action in Haiti, where General Jean-Jacques Dessalines, a former French officer and leader of the rebellion, made a lot of trouble for the occupying forces. Here is a colourful fight in which Bertolini was involved:

> We kept fighting and we would have pushed Cristofolo back if Dessalines didn't come down from the mountain to surround our army with a quick manoeuvre. Our commander opted for a cavalry charge to break the enemy formation; he penetrated so deeply into the opposing ranks that he was surrounded by their Dragoons. He was almost captured, but managed to get free.
>
> At this stage, ranks were mixed and we fought with cold steel. I was fighting an enemy officer: his strikes were powerful and accurate, so I was on the defensive, trying to parry them. Upset by his resistance, I pointed the blade to his chest, but he gave me a vertical cut, which I set aside by striking at his hand, making him lose the weapon. He was wounded, but his fighting spirit wasn't hurt at all, so he re-gripped his weapon and rushed toward me, ordering me to surrender. I turned to face him but one of his men had gained my left side.[144] I drove my horse on the right[145] and gained the opponent's left side, so I thrust my blade between arm and clavicle,[146] running him through. While he exsanguinated, other enemies reached me and one of

[144] When you are fighting on horseback, you do not want your opponent to charge at you on the side of your reins.

[145] Actually, I think Bertolini performed a counter clockwise turn.

[146] Rifle shooters will recognise the "pocket", where we put the butt of the rifle.

> them hit me in the head so hard, he broke my helmet. I killed him with a pistol shot. My comrades joined me and we easily got rid of the remaining assailants. We were about to pull back, when we saw one of our superiors surrounded by enemies and in great danger, we turned our horses back and rushed to set him free.[147]

After the siege at Crête-à-Pierrot, the Master was sent back to France, but he was involved in some naval action along the way. For example, here is his account of a naval battle against the Royal Navy, on the way to France:

> The thundering of guns and the never-ending sound of muskets, the hammering of axes and swords, the drums, swearing and threats, mixed with the moans and groans, the screams for help of the wounded and of those who fell into the sea filled the air and scared the bravest fellows. The enemy ships, with ever growing impetus rammed ours, which were almost knocked over, while some actually crashed for the irresistible violence. The enemies used the 38 and 46 cannons against us but, since they weren't enough to exterminate us, mortars were also fired: their bombs brought irreparable destruction wherever they landed.
>
> Then, there was an assault: our small ships got close and just under the English ships, sappers and miners struck with axes and boarding sabres against the side planks, to sink the ships. Before half of that day was over, the sea was full of corpses…[148]

---

[147] *Il veterano d'Oriente, ossia carriera militare anedotica del Cavalier Bartolomeo Bertolini di Trento, scritta da lui medesimo,* Weis, Trieste, 1839, pp. 459-460.

[148] *Il veterano d'Oriente, ossia carriera militare anedotica del Cavalier Bartolomeo Bertolini di Trento, scritta da lui medesimo,* Weis, Trieste, 1839, p. 606.

The account goes on, and I think this this episode, directly related to Bertolini, is worth mentioning:

> We fought without formation, ships side by side, until the Admiral realised he could not achieve his goal and ordered that the enemy squad was to be set on fire. Soon the blaze spread and our ships caught fire too. It is impossible to describe the horror in front of our scared eyes. In this fight, I was hit by grapeshot that broke the clavicle of my right arm, so that I had to fence with the left hand.[149]

This episode is also mentioned in the epee manual, to explain why Bertolini fully mastered left-hand fencing and could give advice about fighting a left-handed person, from the left-handed point of view.

The Master was sent to fight at Austerlitz in 1805, then in the Prussian campaign, in which he fought at Jena, at Pultusk and Friedland.

Later, Bertolini joined the Army of Italy and took part in the battle of Fontanafredda, near Pordenone. It was fought by, he writes, the two most brilliant warriors of his time: Prince Eugenio (Eugenio di Beauharnais), vice-king of Italy, and the Archduke Johann of Austria.

After the battle of Wagram, the Master was sent to Spain, were he remained briefly, and where he was involved in the Tarragona siege. Thereafter, Bertolini was assigned to the Russian campaign, during which he had several adventures.

---

[149] *Il veterano d'Oriente, ossia carriera militare anedotica del Cavalier Bartolomeo Bertolini di Trento, scritta da lui medesimo,* Weis, Trieste, 1839, p. 612.

In Russia, the Master was able to admire the Prince of "Schwartzemberg",[150] who was a General in the Austrian Army and fought beside Napoleon during the campaign. The Prince was in command of the reserve army and would later fight against the French, when Austria decided to oppose Napoleon. The reason why I think these details are important is that the squadrone, or backsword, manual of 1844 is dedicated to "Federico de Schwarzenberg, Duke of Krumau",[151] who, I think, is Friedrich, Prince of Schwarzenberg: a famous soldier and the son of the aforementioned Karl Philipp. Friedrich also became a writer himself.

Bertolini was at Smolensk and Borodino, but was later captured and detained by Cossacks, from whom he managed to escape with his new friend G. B. Rossi. The Master had been sent to collect forage for the horses of the regiment, but while attending to this task, he and some comrades ran into a greater number of Cossacks. They put up a good fight, but Bertolini was finally captured.

He was deprived of his uniform and sent to a camp where starving was the norm. However, a young Russian officer recognised him. The Italian had once sheltered this young Russian while he was wounded, letting him stay in Bertolini's home (where the Master's wife was leaving at the time), and had found him a surgeon. The Russian officer was then sent back to his army. The Russian officer introduced the Italian to his General, relating the story of how he was saved, and so the Russian General, after

[150] Actually: Karl Philipp, Prince of Schwarzenberg.

[151] *Trattato di Contrapunta scritto da Bartolomeo Bertolini, Cavaliere della Legione d'Onore, dedicato a S.A.S. Federico de Schwarzemberg, duca di Krumau*, Weis typography, Trieste, 1844, internal cover.

attempting to convince Bertolini to become an officer in the Russian Army, let him go with a pass.

The Italian officer crossed most of the lines, but near the end of his journey, a Cossack ripped up the General's letter and put Bertolini in another prison camp.

The escape from this prison camp is again quite colourful and worth mentioning. It should be added that it was also quite necessary, because if he didn't escape, the Captain would have starved, most probably to death.

Rossi from Rovereto agreed to try to escape with the Master. It was clear that Bertolini would have led the action and Rossi would have contributed with what he could. Rossi said that:

> You make the plan and I'll do as you say, just remember that the only thing I can contribute with is a well sharpened knife I have concealed in my clothes.[152]

Now, the only thing that the Captain's friend could contribute would eventually become the key element of their evasion.

> Once our alliance was established, I had to figure out how to get out of there. We were kept in a square fence, that was a big courtyard with three lines of sentries encircling us, watching any movement on our part, and they were ordered to fire upon anyone they suspected was about to escape. If one of us had to use the toilet, a guard would bring him someplace, where he could do what he had to do, and then back. I based my plan on this fact, and here is how I executed it: I asked for Rossi's spring knife and I addressed him about the plan in a low voice, then we waited for the right time. At 11 p.m., we

---

[152] *La mia prigionia in Russia, racconto storico di Bartolomeo Bertolini da Trento, antico capitano di cavalleria, cavaliere della Legione d'Onore, attualmente in Brescia,* Venturini, Brescia, 1861, p. 166.

> pretended we both needed the toilet and asked the guard chief to let us go. He picked a Cossack armed with a carbine to escort us and so we got out of the courtyard. Once we were gone past the door, I addressed the guard with Russian words we all knew: –dear friend– and I got close to him. He pushed me back, swearing at me, gesturing me to hurry up; he gave the same order to my mate, so he turned somewhat, I chose the proper spot and then, fast as a rat, I stabbed him in the heart. The soldier fell with a silent moan, I grabbed his weapon, held Rossi by the hand, and we fled, running desperately to a nearby forest.[153]

The two Italians had to walk a long way before they could be out of hostile territory, and they did not really know where to head towards, because they had no clue about the French Army position. Their situation was made worse by the lack of food in the surroundings and by the hostile population. There was an interesting event, regarding this hostile population: the two fugitives arrived at a mill, the kind anchored to the riverside by ropes, and they had not seen food in the last two days, so they thought there might be bread in the mill. They approached the wooden building, and when the miller came out of it, they asked for help, or to be precise, for bread. The miller went into the mill and came out with reinforcements and a big rope, making it clear he wanted to arrest the two fugitives. Bertolini had the Cossack's carbine, so, when it was clear that the miller would not give up his plan, he shot the man, and the miller's friends ran back into the building.

---

[153] *La mia prigionia in Russia, racconto storico di Bartolomeo Bertolini da Trento, antico capitano di cavalleria, cavaliere della Legione d'Onore, attualmente in Brescia,* Venturini, Brescia, 1861, pp. 167-169.

It was very clear to both Italian soldiers that these men could give the Cossacks their position and have them captured. However, Bertolini had had enough violence, for the day, and did not want to assassinate people in cold blood. After they found some supplies in the mill, Rossi proposed to tie up the miller's employees, as they found them, but Bertolini solved the problem of witnesses a different way:

> Figuring out how long it would have taken to find the men we were after, I held my friend back and, grabbing a big axe, I got out of the mill and, saying nothing, I stroke the big rope that anchored the mill to a pole along the river. A few moments later, the mill became a ship, flowing along the stream.[154]

The Master wandered around enemy territory for a while. A month passed, more or less, between his capture and his return to friendly forces. In this period, he gathered some information about the enemy's movements and military strength, and this information was so valuable that he was invited to report it to Napoleon himself:

> That day His Majesty, the Vice-King of Italy, brought me to report to Napoleon, in the Kremlin, about the movements of the enemy army, which I had observed while I was prisoner of war of the Russians.[155]

Now, that day was the 24th of September 1812, and the reason why Bertolini writes about it was not his meeting

---

[154] *La mia prigionia in Russia, racconto storico di Bartolomeo Bertolini da Trento, antico capitano di cavalleria, cavaliere della Legione d'Onore, attualmente in Brescia,* Venturini, Brescia, 1861, p. 182.

[155] *Giorni d' Orrore, avventure particolari accadute al cav. Bartolomeo Bertolini di Trento, antico ufficiale di cavalleria, e ad alcuni suoi compagni d'armi, dal giorno 13 al 28 Novembre 1812, nella campagna di Russia, scritte da lui medesimo,* Antonelli, Verona, 1847, p. 77.

with Napoleon, but rather the report of Prince Józef Poniatowski that he heard while waiting to make his own. In the Captain's account, this bold Polish Prince stood face to face with the Emperor and explained how the Russian campaign was bound to result in a disaster if Napoleon didn't abandon Moscow (which at the time was burnt and no supply could be found in it) and stopped attempting to negotiate with the Tsar (who was, according to Poniatowski, dealing with the English). The Polish General made it clear that the retreat from Moscow, if postponed, would result in the destruction of the French Army, because the Russians knew their territory and could attack the retreating French with their cavalry throughout the withdrawal. He insisted that Napoleon was to gather the Army at the Dnepr and make his stand there, till the spring, thus denying the Russian-English alliance a chance to defeat the French, while in motion in the winter. This is a rather important historical testimony and I have included it for this reason.[156]

If Napoleon had listened to Poniatowski, or to the report of Bertolini, then the fate of the French Army may have been different. Napoleon decided otherwise, and so Bertolini was involved in the battle of Malojaroslavec, on the 24th of October 1812, and in the battle of Krasnoi, on the 15th to 18th of November 1812, during the Army's disastrous return to the west.

It is worth mentioning that during the retreat from the Russian Campaign, the Master was involved in an act of

---

156 *Giorni d' Orrore, avventure particolari accadute al cav. Bartolomeo Bertolini di Trento, antico ufficiale di cavalleria, e ad alcuni suoi compagni d'armi, dal giorno 13 a1 28 Novembre 1812, nella campagna di Russia, scritte da lui medesimo,* Antonelli, Verona, 1847, pp. 77-81.

heroism: at Marienwerder in Prussia, Prince Eugenio was surrounded by Cossacks and was about to be captured. At this point, some Dragoons, among whom rode Bertolini, turned their horses toward the enemy and charged, freeing the Prince. This fact is mentioned by the military documentation that is attached to *The Eastern Veteran.*[157] From these documents, we also learn that during the fights in Maloyaroslavets, the Master placed six cannons on the left bank of the Luja river, covering the retreat of the 4th Corps, which was the rearguard of the Grand Armee. Bertolini does not write so much about these episodes in the main text of *The Russian Campaign*, but he does devote the final chapter to expressing the valour of the Italian forces, especially during the retreat from Russia, where, according to Bertolini, Italians acted as a rearguard to save the whole Army. During the retreat from Moscow, the author writes that 15,000 Italians engaged 120,000 Russians, to allow the retreat of two French divisions. The episode was noted by Sir Robert Wilson, whom Bertolini quotes:

> I've never seen a fact like this in my military career; a battle in which opposing forces were ten to one and this one got out of it with so much honour. This kind of battle can only be compared to the giants' ones, those the ancient myths talk about.[158]

On the way back to the west, the Master had an argument with an officer in the city of Glogau, which was then in Prussia and currently in Poland. The argument broke out

---

[157] *Il veterano d'Oriente, ossia carriera militare anedotica del Cavalier Bartolomeo Bertolini di Trento, scritta da lui medesimo,* Weis, Trieste, 1839.

[158] *La campagna di Russia e il tramonto di Napoleone (1812-1815),* Mondadori, Milano, 1940, p. 386.

because Bertolini needed a shelter for himself and his wife, but the officer believed he had escaped from his regiment (which was not the case). When Bertolini yelled at the officer, the latter drew his sword and attacked. The exchange must have been very short, because the Master writes only that he hit his opponent in the flank and left him for dead. It could have been a stop thrust, a fianconata or a cutting riposte to the hip; we do not know for sure. Bertolini had to find some civilian clothes and get out of town, which he did by using a rope to escape down the wall. The major of Glogau put out a warrant for his arrest and the fugitive had to avoid both the enemy's army and his own. He was captured eventually, but managed to escape again by buying enough wine for his escort that he could run while the soldiers were sleeping drunk. Bertolini made it to Milan, stopping over in Dresden and Augsburg, among other places. When he went through Tirol, he was with some old comrades; from Milan he went to Lodi, where his regiment was stationed.[159]

Bertolini spent some time in Lodi, but being inactive was discomforting for him. While the Master was inactive, Napoleon was defeated and "retired on the Elba Island", as Bertolini puts it.[160] Napoleon left the island after about ten months, and in March he was in action again. The newspapers reported the news and Bertolini, among other officers received the emperor's proclamation to the Army. Since Prince Eugenio had disbanded the army, after being defeated by the Austrians in Mantua (at the Battle of Mincio, 1814), the news about Napoleon was that he had

---

[159] *La campagna di Russia e il tramonto di Napoleone (1812-1815)*, Mondadori, Milano, 1940, pp. 330-350.

[160] *La campagna di Russia e il tramonto di Napoleone (1812-1815)*, Mondadori, Milano, 1940, p. 352.

returned to Paris as a victor and every soldier was to make his own decision about what to do about it. Bertolini and his friends went to Milan, to get passports for France; they were unsuccessful, so they went to Como, avoided the city altogether, and took the mountain route through Switzerland.

The Captain and his friends were in Paris in May, looking for the Generals that were still on the emperor's side; there were quite a few now, since several officers had been promoted to the rank of General, because the army needed commanders. No Italian General could be found on Napoleon's side. Bertolini reported to General Soult, who took the place of Berthier (who was serving for Louis XVIII). At the time, there were few Italians in the army and no "Italian Army" could be formed; it was possible to join the Italians in Savoy, under General Souchet, but Bertolini and his comrades thought that they would see no action by doing so and they had come to fight. They considered the French as brothers, not less than the Italians, and asked to be attached to any unit whatsoever, as long as they could be the first line in combat. They were assigned to the cavalry unit of General Pajol.

The Army quickly grew, from 80,000 to 400,000 men, because the Emperor recalled to duty every man he could. In the meantime, Murat tried to push the Austrians out of northern Italy and was defeated. The seventh Coalition was getting ready to crush France, and so, according to Bertolini, Napoleon wanted to organise a solid defence, counting on France's fortifications, but his Generals pushed him to launch a pre-emptive attack against the Coalition.

The first battle, Fleurus, was a success: the French Army put the Prussians on the run. However, the Emperor's orders were not followed properly, and the left wing of the Prussians had not been attacked. Bertolini thought that if the orders had been followed correctly, Wellington would have had no help by the Prussians and would have not dared to fight at Waterloo.[161]

The account the Master gives of the Battle of Waterloo does not really detail his personal role. Instead, he gives a strategic analysis of events and, ultimately, blames General De Grouchy for the defeat, because, Bertolini writes, De Grouchy was four hours late and Napoleon had to fight without his right flank.

Master Bertolini does not write in his books about what happened to him after 1815, but there are some sources of news that we can find.

Bertolini's political ideas were not at all liked in the Austrian Empire. In fact, he was closely scrutinised by the police, and, according to Ettore Fabietti, it was the Austrian police that sent him to Graz around 1830, because of his dangerous ideas that just couldn't be corrected.[162] Needless to say, the Master was not yet done with the Austrian Empire, but he was on the losing side and was too dangerous a man to be left within the Italian area where he probably had connections with patriotic circles. It is worth mentioning that the Congress of Vienna, which was meant to re-establish the political status quo in Europe, was followed by major political uprisings in 1820, 1830, and 1848.

Bertolini had a very serious problem: making a living out of something. The war was over and he had earned some commendations that would have provided him with a

---

161 *La campagna di Russia e il tramonto di Napoleone (1812-1815)*, Mondadori, Milano, 1940, p. 368.

162 *La campagna di Russia e il tramonto di Napoleone (1812-1815)*, Mondadori, Milano, 1940, Introduction.

pension if his side had won, but it had not. Most probably, this is the reason why the Master actually turned to teaching fencing as a profession. We know, from the sabre manual,[163] that he taught fencing in Graz for quite some time. He left Graz in 1836 to go to Trieste, where he re-opened his fencing school and trained other good fencers. It is interesting to note that mentions several of them by name:

> Francesco Wallop, Giuseppe Ambonetti, Francesco Dubbane, Dr. Michele Hantschl, Demetrio Chaudoin, Giovanni Gattorno, Dr. Federico Mauroner, Dr. Pietro Campiutti from Udine, Mr Konow, Giuseppe Pavia, Drago Popovich, the Gazzoletti brothers, Francesco Ragazzi, Teodoro Boisdechesne, Dr. Jenny, Bartolomeo Streiff, Mr Jeralla, Dr. Gionanni Battista Princivalli, the brothers Enrico and Giuseppe Hirschberg.[164]

In Trieste, Bertolini began publishing manuals and books.

These writings could be part of the Master's economic survival strategy, but the Austrian censorship was a potential obstacle. Therefore, the introductions and dedications of the books published before 1861 are rich of commendations for the Austrian Emperor and other important personalities. The choice of the people to whom to dedicate his writings was not random, because the individuals chosen may have reasons to be benevolent to an old Napoleonic soldier.

The sabre manual, published in Trieste in 1842, is dedicated to Ettore Lucchesi Palli, who happened to be the husband of Carolina, daughter of Francesco I, King of the

---

[163] *Trattato di Sciabola,* Weis typography, Trieste, 1842, p. 85.

[164] *Trattato di Sciabola,* Weis typography, Trieste, 1842, p. 86-87.

Kingdom of the Two Sicilies. Bertolini says, in the introduction, that he bowed before him in Graz.

Bertolini published other two manuals in 1844, about the squadrone and about the duelling sword, again in Trieste.[165] As mentioned earlier, the squadrone manual is dedicated to Federico of Schwarzenberg, who was related to a General who fought both alongside and against Napoleon. At the time of the Russian campaign, the Austrian General was fighting with the French against the Russians and this manual, and although Austrian authorities are praised in the introduction, it is heavily loaded with Napoleonic memories. The illustrations of the mounted combat section, as a matter of fact, show an Italian (or French) Dragoon with a sword, slaying a Cossack with a spear. Furthermore, in the part of the mounted section discussing squadrone against sabre, the sabreur that is killed by the Dragoon looks rather like an Austrian Hussar.

[165] It is worth mentioning, however, that the dedication of the sword manual was written in Venice, on the 21st April of 1843.

This image, and the casual mention of the Battle of the Pyramids in the introduction (during which, according to Master Bertolini, swordsmanship saved the day, covering the Napoleonic cavalry with glory), indicate that Bertolini was not really getting rid of his past.

The edition I have seen of the second part of his military memories, *Giorni d' Orrore, avventure particolari accadute al cav. Bartolomeo Bertolini di Trento,* was not edited in Trieste but in Verona, 1847.

When the third edition of *La mia prigionia in Russia* was published, in 1861, the Master was "currently in Brescia", as he says in the very first page. 1861 is the year in which Italy was unified and became a kingdom.

In 1863, Alessandro Manzoni, one of the greatest Italian writers of all times, wrote the following letter to the Captain:

> To Bartolomeo Bertolini.
>
> Milan, 5 December 1863
>
> Dear Cavalier,
>
> I gladly answer your request, and I wish to state how much the story of your escape from Russia has been interesting. The sufferings and valour shown by the Italian soldiers during the Napoleonic Wars, among whom you are probably the oldest veteran, could not have the purpose of giving birth or uniting Italy (they are the same), yet they had the important effect to show that such valour and commitment had only lacked a chance, up to that moment. It is impossible to discount the events and the veterans who gave Italy a military history again, among the factors that motivated the new generation to perform the glorious and fruitful feats that it has; so that the few remaining veterans, and you are one of them, can say: we have fought and suffered for Italy too. May God let you and me, I'm not much younger than you are, see this great venture being completed.[166] I ask you to appreciate my compliments, together with this greeting.
>
> Your faithful and obedient servant.
>
> Alessandro Manzoni.

[166] At the time the letter was written, Italian territory had not been completely conquered.

Bartolomeo Bertolini died on the 23rd of January 1871. On the headstone of his tomb, you can read:

> Bartolomeo Bertolini.
>
> Captain of the French Empire.
>
> Knight of the Legion of Honour.
>
> Honoured with the Cross of the Two Sicilies' Order and the Medal of Honour of Saint Elena.
>
> He was a brave soldier on the battlefield, in Vandée, S. Domingo, Egypt, Austerlitz, Raab, Wagram and finally in the Russian Campaign and Waterloo.
>
> He lived for 105 years.
>
> He never belied his warrior temper.
>
> He died the 23rd of January 1871 in the faith of God.
>
> His desolate wife Maria, born Rossinovich, put down this humble headstone wet from tears, to the testimony of her perennial love.

Translator's notes

The footnotes added to the translation of the manual are my own. I have added them to help explain some concepts that would not otherwise be clear.

Treatise on the Sabre

By Bartolomeo Bertolini from Trento

Knight of the Legion of Honour

Dedicated to his Excellency the Count Ettore Lucchesi
Palli-Poniatelli of Aragon,
Prince of Campofranco and Duke of Graz

Trieste

Weis Typography

1842

His Excellency!

When the fate gave me the great fortune of bowing in His Excellency's presence in Graz, and seeing from close the magnificent virtues that you possess, I felt the urgency to make a public statement about my admiration and gratitude, that time will never erase from my heart.

Now that I am about to publish a brief sabre treatise, born from a very long fencing career and research,[167] I dare to dedicate it to you because there is no better recipient than you of a text meant to promote those knightly exercises in which you are so skilled and certain. It is a poor gift, but your humble servant will be happy if you will look at his work benevolently and give it your patronage.

Please enjoy, His Excellency, the tribute by the Veteran of the Orient who has been your faithful follower for many years and who continues to pursue the glorious career that made your name so celebrated, and deign to accept the greetings I send you from far way, as I, full of respect and veneration for you, proclaim myself:

Your Humble, Devoted and Obedient Servant

Bartolomeo Bertolini

Knight of the Legion of Honour

---

[167] The text says "long practice and repeated observations", but what Bertolini means is that he has been fencing and studying for a very long time.

To Mr Bartolomeo Bertolini Knight of the Legion of Honour

Graz 28th January 1842

I fully appreciate the work you dedicated me.

It seems to me that the principles of the art of the sabre you propose are very useful, and that they and the way you teach them are to be commended. I hope the experts of the art will commend you just as much as I do.

I accept the dedication of your book with great satisfaction and I wish your work will be rewarded by full success.

In the meantime, thanking you, I ask you to believe me.

Your Obedient Servant

Count Ettore Lucchesi Palli of Campofranco

Preface

We have several treatises and theories about thrust centric fencing, but either we lack a good sabre programme or we lack a complete and satisfactory one. I have tried to make up for this, by condensing in a few and clear principles the best information I could learn in the fifty years spent studying, practising and teaching, and I have made understanding easier by adding some drawings, by a skilled artist, representing the main defensive and offensive actions.

I think my book will be considered useful and desirable, firstly because of the lack of sabre treatises already mentioned, and secondly because in our times sabre play, although it does not surpass thrust fencing in perfection and elegance, is more widely practised, being easier to learn and more useful.

Being clear has been my main purpose and I have decided to illustrate such a simple theory that the youths can, with the assistance of my book and a few lessons, become familiar with this noble and useful exercise, that not only makes your body stronger and more handsome, but also increases your perceptions and gives strength to your spirit.

The study of weapons has been, through the ages, the most noble and manly of the activities, and even today, despite the long-lasting peace that is ensured by the caring sovereigns of Europe.

The need to get ready for war in times of peace, and the necessity not to let the commodities and rest weaken your body, show the expediency of this exercise even in the context of the public good. As for the individual's own good, suffice it to say that fencing is the first, the most ancient and manly of the knightly arts, and no education is complete without the knowledge of this essential art.

My book recommends itself to educated and fine youths. It is not written in a fancy style, nor will you find random notions in it, but rather concise and accurate teachings, derived from half a century of practice, without which the theory explained could not be complete, true, or accurate.

Dear educated youths, enjoy this short book, offered to you by this ancient Italian soldier, who hopes to be useful through his speech, even when age and death will prevent him to be useful though his actions, and live happily.

Part One

Chapter I

The idea of fencing and the parts of the blade.

I am writing a fencing treatise, something I have wished to do for a long time, and I will put things in a natural order, so that they are more easily understood by the public and are more useful in practice. I will, therefore, give you at first an idea of what fencing is, then I will cover the qualities and properties of the sabre, which is the weapon I will write about here.

Fencing is an art that teaches how to defend oneself from the attacks by our enemy's weapons and to defeat the blows given to us; it also teaches how to attack. The famous Mr de Angeli, author of the Encyclopaedia, gave it the rank of science, rightfully, because it can be treated as such.

Sabre fencing is not less interesting than sword fencing and is, as a matter of fact, easier and more widely used.

Sabre definition

The sabre is a curved weapon that hurts with its edge and, rarely, with its point. It has two parts: the blade and the hilt, which are also divided in parts.

Shape of the blade

The blade is that metal part with which we strike the opponent and parry his strikes.

The shape of the blade is not always the same, because there are different blade makers out there, but, in general, it is slightly curved, the Turkish sabre being an exception, which we will see later on.

Types of blades

I class blades in three types: the first is the Turkish type, of extraordinary curved profile, such that one can hardly think of using it offensively, but it has one of the best quenches; the second type is that of the blades with grooves in the middle, those are very durable and easy to use, because of their light weight; the third type is the that with a rib in the middle,[168] like a *spadone*, from which it is different only for being curved. These[169] are very expedient to use in the most dangerous fights.

The blade is commonly 36 inches long, not including the tang, used to connect it to the grip; there are shorter blades but I will not talk about them here.

Steel quenching

The quenching of the steel must be the finest and the blade must be elastic, so that, being bent, it regains its natural shape; it is also very desirable that it can resist very strong blows by another sabre.

It is absolutely necessary to be able to understand the qualities of the blade, especially if you practise the noble art of fencing.

I will not neglect to teach you the ideas that I developed by way of a very long practice.

First of all, be sure that your blade comes from a top foundry, such as those of Solingen, and of the deceased Mr

[168] I see this as a pipe-back blade.

[169] I think he means the third type.

Crivelli, who had the skill to make such good sabre blades they could be from Damascus. The sabres by Daniale Fischer, Crocefisso from Germany, Paolo Landi, and Klingenthal are also good.

Qualities of the blade

These are the qualities you should find in a good blade: a fine quenching, that you will judge by the colour of the blade and the sound it makes, when you tap on it with metal; it has to damage any non-quenched iron, without denting the edge; if you rest it on the ground, point down, it has to bend slightly but only in the last part of the blade, not in the rest.

A sabre lacking these qualities is useless, especially in fights, when you need it most.

Please note that the sabres made by the best craftsmen are marked above the last part of the forte.

You should never fight unless you know your weapon, because your safety depends on it.

The parts of the blade

Now, I will tell you about the graduation of the blade. The sabre's blade is divided into three parts: one between the hilt and the middle, called the "strong" (*forte*); one is the central part, which is less strong; then we have the "weak" (*debole*), between the centre and the point. The rule is this: if your sabres are joined and your strong is on the weak of your opponent's sabre, you will be stronger than he can be, regardless of how physically strong he is. I find that, among the many authors I have studied, the Neapolitans were the first to point out that you need a very strong part at the guard, to stop blows, so they brought the sabre to the current perfection by instructing the makers.

I'm even more convinced of it because I used to be a friend of Antonio Gaggini, thirty years ago. He was an Italian Dragoon Guards instructor and he explained and made me experiment, one thousand times, how important this precaution is: the sabre must have a good, solid hilt, to stop the sudden blows by an experienced opponent and to save the hand from the frequent cuts that the "natural fencer" likes to throw to the hand and arm.[170] The hilt has to be balanced to the weight of the blade, so that you can handle the weapon easily. The point of balance should be five or six inches from the hilt or, to be more precise, from the end of the blade. The handle should be five inches long, so that any hand can fit without difficulty.

[170] Here Bertolini refers to those untrained or partially trained fencers who moulinet in bursts without lunging. This attitude makes them target the hand and forearm almost exclusively, as long as you do not come too close to them. We will see that the proper way to manage them with a sabre is to keep at distance, with a good guard, and to snipe their hand or forearm. With the straight sword, the best way would be to thrust them solidly, with opposition.

Chapter II

About the way to use the sabre and time.

In the previous chapter, I discussed the qualities of the sabre. Now I will tell you how to use it.

About the actions in general

You have to know that any action meant to offend is an attacking action. Actions are classified by looking at their effects: they are offending, when they have no other purpose other than hurting, and they are defending, when the fencer is immobile and just defends against blows.

There are some false actions, with which you invite the opponent to attack. With regard to these, mind that your opponent does not hit you with some time attack, because this can easily happen. In general, in order to avoid this possibility, it is a good thing to stay a little out of distance, so that you can also discover your opponent's intentions.

General principles, regulating actions

Here I get to those general principles that regulate any action and can be said to be the basis of this study. When you face your opponent, keep a guard that is not too long, but rather well gathered, and the point of the sabre a bit outside, to be ready to defend; the right arm forward, in which respect, you will hold a straight line and you will have the idea of the offending line, named such because along it[171] are performed all of the actions that either you or the opponent can do.

---

[171] "Behind it" in the original text.

About measure

Measure is an essential concept that fencers must understand, because by lengthening or shortening it at the appropriate time, you will be able to hit the enemy without risk. It is determined by the part of the opponent's body at which you aim, so, if your opponent keeps his arm stretched out, instead of aiming the chest or the head, you will strike at his arm, inside or outside as is most convenient at the time; this is called *manchette*.

If you want to get close to your opponent, this action is named *guadagno di terreno* (gaining ground), while if you are pressed by your opponent and wish to retreat, this move is called *togliere la misura all'avversario* (taking the measure away from your opponent). Any step, advancing or retreating, should be about one foot and a half in length.

Tempo (time) is, in fencing, that favourable moment in which you can attack your opponent without being hit.[172]

About the Time Actions (*Azioni di Tempo*)

If one wants to know the time actions, one has to know the properties of the time action, which I will explain to you later; for now, it is enough to say that an *Azione di Tempo* (time action) is that moment of time you use to nullify your opponent's action.[173]

---

[172] The original text suggests the idea that you advance on your opponent as you do so, this is true in many cases presented but not in all cases.

[173] This is what we now call *uscita in tempo* or counter in time, in Bertolini's system the stop thrust, the disengagement in time and the cut to the arm in time are typical examples.

Chapter III

About the way to grip the sabre and guard.

The sabre is to be gripped in the following manner: the four fingers will form a pincher around the grip; the thumb, stretched along the back, will form a support and will help directing the cut with greater ease; the other fingers will grasp the handle with the second joint to lock the weapon in the hand.

This grip is comfortable and allows an easy use of the weapon, it is expedient, allowing you to perform feints and cuts, and securing the sword in the hand.

There are many who will let the thumb fall and join the other fingers but, if they observed properly, they would notice that this is a prejudice of the greatest kind, because, taking the thumb off the back of the grip, they can no longer direct the cuts easily and will lose those advantages[174] that a favourable moment can give them in great quantity.

About the guard

The guard is a very important position and it helps directing all actions. It is convenient to keep the body straight, with the chest facing the adversary's chest, and the feet perpendicular to one another and parallel to the opponent's feet.

---

174 They will lose some favourable chance in the fight.

Guardia.

Once you get in this position, you will rest your left hand on the left hip, to keep the body profiled, and you will turn the hand in *tierce*, with the point aimed at the opponent's chest, then you will salute, which is a must, a habit adopted by our ancestors.

The salute

You will salute as follows: once you have gripped your sabre and you are on the line of offence, you will salute your opponent, so that he knows you are about to fight, then you will turn to the side of the VIPs and you will salute them in either *quarte* or *tierce* as most convenient, then you will salute the other people present, after this you will salute your opponent again and get into guard. From now on, you will have to apply all of your intelligence to hurt the opponent and to prevent him from hurting you.

Be prudent, as a general rule, and, even if you win, do not brag about it, because disgusting consequences can come from this.

If you get into a duel, have an assistant that is able to handle weapons,[175] to avoid having problems from one side or another.

Stay at distance as you strip, and, once you have your weapon in your right hand, come close to the adversary, using caution, until you come into distance, then you will act as prudently as circumstances of this type demand.

Qualities of the assistants

Your assistants must be honest men, with whom you never had a problem, because often you may find some who would profit from the duel to harm you with malice and evil, because they hate you.

I will continue to discuss the guard, a position that protects you from the opponent's sabre and prevents him from getting close to you, unless he deals with your blade first, setting it to the side of the offensive line and creating a safe path for himself.

In the position above described, you will keep the left foot still and bring the right foot forward one and a half foot,[176] your body in its natural position[177] and the head erect,

[175] What Bertolini is saying is that you need a companion that knows what he is doing, so that you are not cheated or set up in some way.

[176] In the squadrone (straight sabre) manual, the distance between the feet becomes two feet.

[177] Movement in the original, it means that the body is carried forward by the spreading of the feet (still erect).

turned somewhat to the right, so that your left eye dominates the inside of your adversary.[178]

Following these rules, you will have a good guard. You will, of course, have to adapt to whatever your opponent is about to do. You will acknowledge that in the guard I described your body is safe, because, if your opponent is carried by rage to strike you, without putting your blade aside, he will be hit at the very same speed of his own movement.[179]

Experience is the surest guide to truth and it has taught fencers the necessity of keeping the right arm forward. It is convenient to consider the advantages of this position: firstly, it allows you to parry blows farther away from you; secondly, your sabre is closer to your opponent, preventing him from acting easily against you, which also means you have a shorter distance to travel to strike your adversary and time actions will be easier, so you will be able to hit your opponent while risking less.

Different opinions about the guard

Many fencers want to adopt another guard, which they think is best, maybe persuaded by the reasons given by a master that they trust. Others think the best guard is the one we like the most, a statement I do not disagree with. I will mention, with regard to this matter, the systems of some fencers who have excelled in the past in sabre play and are famous today.

---

[178] This just means you keep your face frontal, so that you see with both eyes.

[179] This is because your point is toward his chest and you just need to stretch your arm to hit him, should he attack you unwisely.

The noble Count Massimiliano Dorsay, very expert in the sabre, as he does not just know the practice, but also the theory, adopts, when meeting wise competitors, his perfect guard and natural position, which allows him to hit his opponent with a very short travel and cover himself, managing this very well. Other students of mine must not be neglected, although I mentioned Dorsay, who also became experts by diligently applying my lessons. Such include Count Adolfo of Wegensberg, Baron Giuseppe Pino of Friedenthal, Captain Frissmann, currently in the Baron Wimpfen Regiment, the noble sir Tolomeone Brambilla, one of the most skilled fencers in Milan, Count Dembrowski, the noble sir Giogio Sweighoffer, Mr Gioacchino Bellezza,[180] currently master of the Piemonier Dragoons Regiment of His Majesty the King of Sardegna, Captain Turcowich of the Hussars Regiment, once Baron Frimont, all of them excelled and still excel in this art.

However, I would annoy the reader, if I mentioned all of the students of mine who became sabre experts. I would also defy the purpose of writing a short manual.

Advantages of the time

I shall mention here that the fencer has to be an expert of time, in order to gain such advantages from his guard, when he gets a chance. If you want to spot the right time to hit the enemy, or if he disorders himself and gives you a chance, this time has to be taken with the greatest celerity and this explains why the above-mentioned guard can be

[180] He may be the Giacchino Bellezza who fought in the first Italian War of Independence and became the fencing master of the Royal Military Academy of Turin.

adopted, it being well balanced and permits several advantages.[181]

Now I will explain to you the actions, in order to disclose the principles upon which the rules of fencing are based.

[181] What Bertolini is saying here is that the composed, balanced (and I would add relaxed) nature of his proposed guard gives you the speed of action to use those short intervals of time, in which you have a "time" (chance to strike and not being hit) in the proper sense.

Chapter IV

About the two fendenti: the right one and the left one.

In the previous chapter I have already mentioned that the actions that we use are of several kinds and classes. I will start by describing those with which you hit your opponent directly without being hit by him in return.

About the left *fendente*[182]

Once you are composed in the guard you think is the most perfect, you will stay on the offensive line with prudence, in order to hit the opponent with your left or right *fendente*. Such cuts have these names because of the actions performed by the sabre: if you want to use your left *fendente*, the sabre will pass above your left shoulder and, as you straighten the arm, the hand will naturally go to the position of *quarte*[183] and the edge will be directed to your opponent's head.[184]

This movement, although not complicated, is difficult to perform properly.

Then we have the left *fendente*. To perform it, you will rotate the sabre along your right shoulder, hitting to the same place as above, following the mentioned rules.

---

[182] Generally speaking, a *fendente* is a blow coming down, not necessarily perfectly vertical.

[183] The hand positions mentioned by Bertolini are not the same as those used in modern fencing today. I think it is clear, thanks to the illustration and the context, that the hand is in *terza in quarta*.

[184] The left *fendente* is a downright blow or inside cut to the head.

These names were adopted by the ancient systems and by those who taught the sabre before me.

It is convenient, in order to deliver the mentioned two cuts, to move the right hand and right foot first, followed by the rest of the machine[185] coming forward quickly, in order to have a better (more free) path to strike the enemy, to do which, it is better to give an impulse to the hand in the same direction in which the *fendente* was thrown.

In this operation, the right arm must be brought forward without stiffness.[186]

---

185 The body.

186 Although a bit complicated in its structure, the description given is a quite complete method for delivering a cut in western sabre. As I see it, the hand brings the sabre onto the cutting line, performing the rotation, and the right foot starts to move, followed by the body; the hand finally commits in the close proximity of the target, without stiffening the arm (which would likely injure the elbow and spoil the cut). Although, as a general rule, the hand moves first in fencing, it is to be acknowledged that cutting requires the hand to be still in motion at the time of the impact, therefore the order in which you move limbs has a slightly different meaning in cutting and thrusting, in my opinion. The blow is completed with the *stretta in tempo*, meaning that the grip becomes strong just before the impact, giving stability to the strike.

I think that Sean Franklin's articles on cutting are worth mentioning here:

https://swordstem.com/2019/01/09/accelerating-the-wrist-in-a-cut-it-doesnt-work/

https://swordstem.com/2019/02/06/accelerating-the-wrist-2-revenge-of-the-moulinet-and-more/

The position of the body

While performing these strikes, the muscles of the other body parts must obey your will as well, bringing the body forward. The body will be *slightly* inclined toward your leading foot,[187] still on the offensive line and, in this position, you have to be well guarded by your weapon, so as not to be hit by way of some unusual operation.[188]

The general rule will be to have the right foot on the ground in a leaded thread fashion,[189] the hand in *quarte*, the head guarded by the hilt, the left arm back, to keep your body sideways and stable; all of these actions are to be performed at the same time and as quickly as possible.

---

[187] I would reiterate the "slightly" part here, bending over would defy a quick recovery, limit your sight, and basically get you killed.

[188] This could either mean that you act not according to the rules and get hit, or that your opponent strikes, instead of defending, and you get hit, because you were not well guarded, either way the fault is yours.

[189] Here the author means that the foot and the shin form more or less a 90° angle, with the foot well-planted on the ground and the weight directly above it. The leaded rope was an instrument used to ensure a perpendicular angle.

Your sabre will have to go through the mentioned path, by making a very short arc to hit.

Such actions are simple but difficult, so they require all of your attention to perform them properly, because in sabre we find a whole range of combinations able to cheat a wise opponent.

In the first illustration, the fencer F.2 represents the one who has performed either the right or left *fendente*, with the prescribed rule.[190]

The advantages of measure

One always has to keep in mind measure, to get the possible advantages in sabre play.

The one who strikes from a greater distance will never risk as much as the one who gets too close.

[190] With the exception of the hand position, which in the right *fendente* should be in *tierce*, I think.

When an inexperienced or furious opponent throws himself upon you, in this moment he has to take his own sabre off the offensive line; take this chance and hit him with a *manchette* strike,[191] then go three feet backwards on the offensive line.[192]

Note

Please not that, when your sabre is joined to your opponent's, you are on the offensive line.

If your opponent joins your sabre on its weak and makes a larger angle than usual, it is evident that he has uncovered some part of his body, so that you have several chances to hit him.[193]

If the engagement with your blade was instead done with the sabre parallel to yours, with a lesser angle than yours, along the straight line, then you can use one of many different actions to defeat his plans.[194]

If your opponent, being inexperienced, raises his point to feint a hit on your head, you will take that *tempo*, staying well composed in your guard, and hit him on the arm, which you will easily do.

---

[191] A *manchette* is a strike to the hand, wrist, or forearm.

[192] In George Silver's terms, the opponent used a false time to initiate his attack, coming too close before moving the hand, and this makes it possible for you to strike and fly out.

[193] Here again we take advantage of the opponent's mistakes: his bind is ineffective and allows us to strike.

[194] Still, this does not give you an obvious *tempo*, because it is a better way to do it than the above one.

Do not forget that any sabre movement is to be performed only by the hand, to move the sabre in the most violent yet invisible way, so that the opponent will be hit before he is able to parry.[195]

[195] A consistent element of Bertolini's approach to fencing is having it clear in your mind that you are not supposed to keep up, you are supposed to overcome the opposition.

Chapter V

About the colpi di figura,[196] *inside and outside.*

About the *colpo di figura* outside

If your opponent tries to attack your sabre in *quarte,* dodge his blade, because he has in mind to hurt you; and, having planned this action, if he does not meet your blade then he will fall out of the offensive line, giving you a chance for a *colpo di figura* outside.[197]

About the *colpo di figura* inside

If, on the contrary, your opponent attacks you from *tierce,* you will deliver a *colpo di figura* inside, with the same rules and the same speed as before, because his attempt to displace your blade will leave him uncovered on the side from which he started the beat, giving you ample room to hit him. In the second illustration, F.1 represents the fencer who attempted a beat[198] and who was hit by the *colpo di figura* inside.

---

[196] Hard to translate, *colpi di figura* are cuts to the side of the face, basically horizontal.

[197] Note that Bertolini does not tell us if we have to uncross above or below, probably because both options are fine, and the best way depends on the circumstances.

[198] It should be mentioned here that Bertolini might also mean:

- a *sforzo,* in which you get in contact with the opponent's blade, bringing his point a little to your side (*legamento*) and slide in the direction of his hilt, pushing it to the side sharply, then strike;

If your opponent lifts your sabre up toward the sky with his own, he therefore uncovers his hips by necessity, so that you can direct your offence there, keeping in mind the established rule regarding speed.

How to avoid *tempo*[199] (time) strikes

In order to avoid a time strike, pay attention to rotate your sabre close to the opponent's, so that your attack travels a very short distance; this way, it will be possible for you to hit the enemy and return to a perfect guard in the same *tempo*.[200]

It is advisable that you will retreat out of distance, so that you will not allow your opponent a chance to hit you with a quick riposte.

- a *presa di ferro*, in which you get in contact with the opponent's blade as in a *legamento* and push his blade to the side some more;
- a simple *legamento*, in which you just put the opponent's blade to the side a little.

[199] *Colpi in tempo* or time strikes. The concept of *tempo* is familiar enough to the fencing community.

[200] Here *tempo* is used in its specific fencing meaning (the time used for an attack, in this case), therefore I don't translate it with "time".

T. II.

About the distinction between the colpi di figura and their use

Colpi di figura are inside or outside. Their different targets depend on the position from which your opponent attacks your blade, so, throwing to the outside, you will have the hand in *tierce*, to the inside, in *quarte*. The use of these blows was established to deal with those who attack your blade and stay in this position, without seeing your attack coming.

The second action of this kind is used against a determined attack or beat performed by your opponent at your blade. It is evident that the one who tries to push or beat[201] aside a sabre using his own, would fall off the offensive line and open himself to a strike if he does not meet the blade he is targeting.

[201] *Sforzo* in the original. What Bertolini means could be a *battuta* (beat), a *sforzo* (sliding action), or a *presa di ferro* (push to the side). It doesn't really matter, because you will disengage from the first part of the opponent's action, in which he tries to bind your blade (*legamento*).

There are several parries that can be used with a sabre, but, since I have covered just a few actions, I cannot explain parries in general here. I will just talk about the simple ones, from which all others derive.

About the simple parries

The parry of high *prime,* in which the hand has to be in *tierce,* six inches above the head, is used to parry the *fendente,* keeping the point of the weapon high toward the sky and a little forward, to better deal with the opponent's blow.[202] The low *prime* parry, so called because you drop the point of the sword to form it, has the purpose to stop the blows your opponent throws at your inside. To execute it properly, you must bring the hand at chin height, incline the edge toward your left shoulder and the point forward. Then we have the parry in *quarte,* with which you parry the *colpo di figura* inside, by raising the hand, whereas lowering it (low *quarte*), you will parry blows to the chest and hip, stopping several sudden blows. There is the parry in *tierce,* that stops the *colpo di figura* to the outside, and the *seconde* in line, which guards the lower outside line. I will talk about these parries more extensively later.

[202] The description makes me think of a parry of *quinta* or high *tierce,* or even to a parry of St. George with the point a little elevated.

Chapter VI

About the two diagonal blows, right and left.

These two diagonal cuts are called right and left, because, in order to perform it from the right, you first have to bring the sword above your right shoulder, and then, directing the cut, you will strike the shoulder and the cut will end at the hip. To use the left cut, you will make the sabre pass over your left shoulder and then strike at your opponent's left shoulder, throwing yourself forward with a violent motion[203] and cutting directly at his shoulder, the blow ending at his right hip.

See the third illustration, F.1 representing the fencer who threw a left diagonal cut.

T. III.

[203] Bertolini likes to reiterate that you can do this quickly. It is not the case that he is suggesting to over-commit the strike.

Be careful not to hit your opponent's blade too strongly in a parry, because by hitting it hard, your hand would go off the offensive line; if this happens, you have no other choice than to bring your point onto the line, so that your opponent, seeing you uncovered in some part of the body, is held back by it.

This principle is one of maximum importance, because you cannot parry any blow whatsoever without making an angle and you cannot make an angle without uncovering some part of yourself, so I see no other way to remain safe than to keep your sabre on the line of offence.

How to defend yourself from the blows described

If these blows were thrown to you, oppose to the right one with the parry of *tierce* and riposte a blow to your opponent's chest. If you were threatened with the left one, parry in *prime* and riposte a *fendente* or parry it in *quarte* and riposte at the hip outside.[204]

---

[204] I should mention at this point that Bertolini has a tendency to riposte between the opponent's sword and his body; but this is not all, he likes to do it in a way that is the most difficult to parry. So, if he parries in *quarte* or *tierce*, he slides under the adversary's sabre, which is point up in this case, and strikes the body. In the other manual, the *fendente* from the parry of low *prime* is delivered by binding the opponent's blade with your hilt, which makes it very difficult from him to stop it. Perhaps Bertolini did not want to give too many details in his first treatise about cutting weapons.

Part Two

Chapter I

About the cut to the chest and the transverse cut.

About the chest cut

These two cuts owe their name to the actions you make as you depart from the line of offence to attack the opponent. If you are well composed in your guard and you are engaged *tierce* over *tierce*, if you want to move to hit your opponent, you will use the blow to the chest. In such circumstances, turn your hand to *quarte* and, with invisible motion, so that your blade will naturally strike his chest.

This cut is to be given with the maximum caution and speed.

See the fourth illustration, with F.1 representing the one who threw a cut to the chest.

T.IV.

How to defend against this cut

If this cut was given to you instead, turn your hand in *quarte*, without striking the opponent's sabre, joining it with your double *forte* on his medium, forming an angle inside the line of offence.[205] You will thus defeat his attack and you will be able to riposte in several ways.

If you use a stable parry, the riposte is guaranteed to hit the opponent, unless you remain immobile after the parry. If it happens to you, you would be allowing your opponent another chance to attack you and you would be at risk. In order to overcome a skilled fencer, you need a fast riposte after the parry, which is much more effective than a first attack. Mind not to hit the opponent's blade too hard in your parrying, because the more stable your parries are, the earlier the riposte will come, because a stable parry performed with the double *forte* of the blade ensures that your opponent's blow, no matter how strong, will not set your sabre off the offensive line.[206]

I will discuss the usefulness of parries later, when I will explain them in general. At that point, you will see when to

---

[205] This is what Bertolini would call a *parata stabile* or stable parry, today, we would call it *parata di tasto*, a parry that stops the opponent's blade, without chasing, going offline or pushing on it. The fact that he parries with the double *forte* makes it very strong, and parrying on his medium makes it difficult for the opponent to disengage.

[206] This is the reason why Bertolini prefers a stable parry very close to the hilt and it is a very important principle of his system: parrying with the double *forte* will freeze your opponent's strike without destabilising your own sword, which is therefore ready to an immediate riposte. The adversary's blade has no leverage to overcome your parry here, nor any leverage above the rotation point to slow a riposte.

use one and when to use another, depending on the actions with which your opponent threatens you, and you will know that the choice does not just depend on your will but also on the attacks the adversary performs against you.

The transverse cut

Now that I have described the cut to the chest, the transverse cut is still to be defined. This blow begins on the outside; that is, when you and your opponent are engaged *quarte* over *quarte*, you will turn your hand to *tierce*,[207] and with an invisible yet fast movement of the hand, you will surely hit your opponent under his right arm.

See the fifth illustration, with F.2 representing, from behind, the one who gave a transverse cut.[208]

This blow will form a perfect transversal line with the previously mentioned cut to the chest. The difference between the cut to the chest and the transversal cut is that one starts from the inside and the other from the outside, yet both are to be delivered with equal speed.

An observation about the transverse cut and the defence against it

The mentioned cuts can also be named secondary cuts, because they can be performed after any feint and you will find many who use false actions to make you obey to their will.

---

[207] Which is why this blow begins from the outside.

[208] It is evident from the consistent numbering of the pages in the scans I received from the library, that this illustration is missing in the original edition, not just from the scans.

The demonstration of secondary attacks can also rest on mechanics, if you look at the small space you have to go through to hit.[209]

The one who wants to use either one of these cuts can surely hit the other, and if he parries, he presents you several ways to hit him, and parrying him with your double *forte* on the centre of his blade, you will defeat his blow, compelling him to divert his sabre from the offensive plane.[210]

The effect of this parry is such that, hitting the opponent's sabre fast and hard, it brings the said sabre away from your body and makes it almost impossible for him to strike

---

209 The point here is that the two cuts at chest high, whether inside or outside, are so direct that they can follow any kind of feint.

210 This is not so easy to understand. Possibly, the author might be saying that by using the chest or transversal cut, you are ready to perform a stable parry on your opponent's riposte (if there is one) and then riposte again, because either blow is close to the basic guard position. However, it is possible that the author mixed propositions here and actually meant that 1) you can hit the other guy surely with one or the other of these cuts, and 2) if you parry either one of these cuts, delivered by your opponent, with a stable parry, you are free to riposte as you like, because the stable parry diverts his blade from the offensive plane.

An alternative version of the instruction could be:

> The one who wants to use either one of these cuts can surely hit the other, [but] if [he cuts at you and you] parry, he presents you several ways to hit him, and parrying him with your double *forte* on the centre of his blade, you will defeat his blow, compelling him to divert his sabre from the offensive plane.

again, before regaining his guard, because, if he does not retreat quickly, he will be exposed to your attack.

As I have said elsewhere, when your opponent parries your attack, you have to retreat quickly to avoid his quick riposte.

If you are on the line of offence and your opponent wants to pursue you, wait for him in place in a threatening fashion, and, when you realise that he is in measure, attack him repeatedly, minding the sudden blows he can deliver and that could catch you unprepared.

If your opponent has a good guard and you want to attack him, it is better to clear your path, to hit him more easily. In order to make him uncover himself, you should use some false attack and lightly strike his sabre with your strong on his weak, without moving either the body or the feet; these procedures will divert the enemy from the offensive line and uncover him in some part of his body; then you will give him a *colpo di figura* inside or outside, or some other blow, which you can perform very easily.

The use of these actions[211] is easy against those who stand on guard with the arm extended or who grasp the sabre with maximum strength. However, be careful and do not use too much strength, because an educated opponent might surprise you with some action, the moment you move in to hit him.

About false attacks

If you have joined your sabre to the adversary's, following the rules I gave you, and, instead of attacking, you want to wait for him still, then when he pursues you, you will use the actions that are most fit to halt his charge and these

211 Here he means the beating action on the blade.

actions are the false attacks, which are performed to discover his intentions or to make him attack you.

If, after an attack, the opponent has parried but is not quick with the riposte, it is expedient to reiterate with another attack, such as a cut to the chest, a *fendente,* or a feint, followed by a cut to the hip. To trick him better, it is advisable to make him believe the feint is a true attack.

These actions can be applied to any other attack,[212] because feints are an absolute trick: carrying out any action whatsoever, instead of committing to it, you will stop, to discover what the opponent's intentions are. If he parries with a high *prime,* you can cut to the chest; if he breaks measure, you will pursue him, overcoming him with a quantity of pre-planned actions, from which it will be hard to escape.

212 Here *attacco* most probably means attack, but it could also mean "any other way to join blades"; in other words, a *legamento* of some type.

Chapter II

About the cut to the hip, internal and external, and the right and left montante.[213]

In the sabre school we have to follow the most natural order, so I think it is appropriate to teach you the rules to follow to attack or pursue your opponent or to make reiterated feints – an action which, if well performed, shows an expert fencer.

Everything which is not applicable to the correct practice with weapons has to be abandoned, being of no use. Who does not see that attacking without applying the appropriate rules will cause sad and unavoidable accidents that would put the most valiant man at risk?

I agree that there are many who would fear a blade, but you can also find people who would look you in the eyes and not at your blade, and those are to be feared.

If a furious opponent wants to charge you, he will become tired and you will find a favourable chance to hit him with some convenient blow, which will be a *manchette* inside, outside or *sottomano*,[214] which is given with the last part of the back edge, that is sharp like the true edge.

It is good to be moderate in any attack and to try to find the opponent's intentions, because, if one wants to charge with reiterated attacks, the fight ends with the defeat of the furious one.

---

[213] A *montante* is a rising cut.

[214] "Underhand" or "under the hand", this cut to the arm with the false edge is typical of the Italian sabre. It usually comes from below, which is why Bertolini names it *sottomano*.

The cut to the inside hip looks difficult to perform but it is easy and is one of the safest.

Let the combatants be on guard, *tierce* over *tierce*. If you want to use this attack, you have to move his sabre with the lightest of motions. The opponent will push back on your sabre to regain his position; take this chance to direct your blade to his left hip and your attack will surely succeed. In the sixth illustration, F.1 represents the one giving this blow, seen from behind.

T.VI.

In order to use this cut safely, you have to deflect your opponent's sabre from the offensive line first, so that you take care not to be hit by him. Once you have deflected his blade, you will attack him where he is uncovered.

Please note that when the two sabres are joined on the line of offence, one of the two has to be subjected to the other, and the one who has his blade subjected has to move it, to avoid dangerous consequences, about which I will talk later.

A skilled sabre player will not present his sabre to his opponent before he has discovered his opponent's intentions. This is an essential rule for the skilled fencer, without which he cannot claim expertise in weapons.

When you know this rule, you will attack the opponent's blade, inviting him to act in some way, to cheat him with some pre planned action.

When you want to fight your opponent with several combined actions, it is convenient to bring your *forte* on the middle of his blade and to attack his blade *tierce* to *quarte*, when he moves to regain his position, strike his right hip, with the quickest of motions. In the seventh picture, F.2 represents the one who used this cut.

T. VII.

You can use, with the sabre, the same *sforzi* you use with the sword.[215] The only difference is that with the sword, you will beat with your double strong on his double weak, and so, having the advantage in the joining of blades,[216] you will prevent him from acting on you. With the sabre,

[215] Beats and pushing actions on the blade.

[216] In the original it is *guadagnando la gradazione,* which means that you have a stronger part of your blade on a weaker part of his blade.

however, it is better to beat with the double strong on the middle of his blade, and, having performed the beat, which will disorder him in a way that will make it difficult for him to regain the line, you can act against him. If the beat came from the outside, the blow will be on the inside. If the beat came from the inside, the blow will end outside.

Gaining ground

If you want to gain ground on your opponent, you can do it in two ways: either with the sabre in line or with the blade up, and the first is always going to be the safest. When the sabres are on the line of offence, but do not touch one another, the action is going to be quicker and more violent. The one who wants to gain ground has to be cautious as he comes closer on the offensive line, not to be hit as he moves. These rules are meant to avoid dangerous situations.[217]

For the retreat

If you want to compel your opponent to retreat, you have to keep your sabre with the point in line, an attitude that increases your ability to offend him. When this is done on the inside, the hand will be in *quarte*, when on the outside, in *tierce*. This action is elegant and easy to perform, but it is not free of risk: the danger comes when the opponent moves his sabre to avoid yours, and he could try to throw a *fendente* in time, facing you, while you believe he is giving ground.

If you want to use a beat to put your opponent's sabre off the line and to get into a perfect position, it is best to deflect

[217] *Incontri* in the original, which means a situation in which you and your opponent "meet" or make contact, the author most probably means a stop hit.

it just a little, putting yours in its place, making your offence shorter than his defence.

Despite the dangers that are presented to our sight, one need not believe that the art of the sabre does not give us means to defend ourselves and to hit the opponent. As we move forward, you will see how ample the ground of offence is and how to defend.

About the right *montante*[218]

The use of this cut was introduced to deal with those who have the habit of parrying in *prime*. It is important to follow the rules I'm giving you so that you perform it easily. With an invisible motion of the hand, you will turn your hand toward your right and you will strike upward a blow that has to pass between your opponent and his sabre, striking his left flank, ending at the right side of the chest.

In the eighth illustration, F.1 represents the one who used the right *montante*.

T. VIII.

[218] A *montante* is a rising cut.

Your hand must be in *tierce*,[219] with the edge upward, in order to hurt the opponent with the proper strength, holding your weapon in the right position, at the end of the strike, you will have the hand at chin height, preventing a dangerous counter against yourself. If you strike this blow according to the proper rules, the opponent is going to have a very hard time opposing it, unless he parries with a *seconda trasversale*,[220] putting, to defend himself properly, his point on the left shoulder side.

In this case, if you are not quick in getting out of measure, you will receive a *colpo di figura* outside.

As you retreat, keep the point of the sabre on the line of offence, to prevent the opponent from chasing you, so that you will prevent a ready riposte on his part and any other plan he has to hurt you.

The disadvantages of those who do not return to guard readily, after an attack, are endless. It is typical of the fencers to follow through with an immediate riposte, after a parry, getting out of measure, you will avoid being hit by a secondary strike.

Now, I will teach you what belongs to the sabre, other than the simple actions I already talked about, so that you can treat it in the way that is appropriate to the expert in the art of fencing.

As I said before, any action meant to pursue your opponent, to invite him to attack, or to defend yourself,

---

[219] Bertolini means that the edge is oriented upward and to the left, as the context and the illustration suggest, not what we would call *tierce* today. Since this position mirrors a *terza,* he calls it a *terza.*

[220] Transversal *seconde* is like a *seconda* in line, but the blade goes across the line and the point is on the opposite side of the hilt.

depend on which way he is holding his sabre. Since the actions you can use are infinite in number, however your opponent holds his weapon, you will have to pick the actions that are most convenient to fight him.

If you see a chance to hit, go for it; however, before you do that, take care to prevent him from opposing your plan. If he has the point up, you can attack him with plenty of actions. Before you attack though, lightly rest your blade on his, to find out if he opposes your plan, remaining immobile and somewhat out of measure, to avoid being hit by a time strike.

If you see him attacking unwaveringly, either oppose his attacks or prudently break measure, avoiding meeting his blade, and when you see a chance, hit him as he pursues you, with the strike you think is the most fit. This attack has to be the fastest possible in order to hit your opponent when he least expects it.

These actions can be used when the sabre is low, and can also be performed when the opponent's sabre is in the line of offence or in the position where the blades are in contact, because, if your sabre was subjected to his, all you would have to do is retreat and take a good guard so that if the opponent pursues you, you could now give him a time strike which will surely hit him.

When you hit him, make sure to get out of distance, so that he has no hope to hit you back in riposte.[221]

---

[221] This, if anything, seems to be advice meant to avoid a riposte.

About the left *montante*

When you are *quarte* over *quarte,* and you see that your opponent is trying to subject your blade, resist momentarily, so that your opponent resolves to move in some way. If he makes a feint, but does not strike, beat his blade. If he opposes, make him a threat with a *fendente,* but do it only as a feint, and after that, give him a resolute strike to the right hip; he will parry it in *seconde* and it is natural for him to riposte with a *fendente,* so use the parry of *prima alta* and, turning the sabre on your left, pretend to cut the right hip again – he will oppose you with his *seconde,* giving you the chance for the left *montante.* You will make your blade slip between his blade and his right hip and you will hit him for sure, this strike begins at the right hip and ends at the left pap. The hand has to be in *prime* position as you deliver this blow,[222] and the edge upwards. Look at the ninth illustration, with F.2 representing the one who delivered the left *montante.*

T.IX.

[222] The exact opposite of the right *montante,* the blade here is in "di prima in seconda", the edge up and to the right.

Here it seems that a momentary push on the blade is safer to strike the opponent, as he is carrying out some pre-planned action, because his mind will be busy with the many ideas that come from this position and he cannot focus all of his attention on the said strike.[223]

However, one has to pay attention to the other possible actions that an expert opponent may perform. If the sabres are both in the line of offence, it is possible to attack in a variety of ways, such as with the *colpo di figura* outside or inside, depending on the position of the opponent's blade. If you want to use some other technique, it has to be carried out in an ordered way, with invisible hand motion, using a little blade push to bring his blade out of line to direct your offence where you think it is best.

You have to know that, when two sabres are joined, one has to be subjected to the other, so, the one who has his sabre dominated has to move it to hit the opponent or retreat out of measure, because, if he stays in that disadvantageous position, he will run several risks, that I will explain to you later.

A skilled fencer never presents his blade forward to the opponent without a reason, either to know on which side he can attack him, or to make him act. If you follow the rules I explained, you will hardly get hit.

The left *montante* comes from the engagement in *tierce,* although you can also perform it at will.

---

[223] Psychology of fencing is offered here: a change in blade position, caused by your push, diverts your opponent from his own plan.

About various ways to defend yourself against the opponent's attacks

If you are in *tierce* and the opponent wants to attack you in *quarte,* you will deliver the right *montante* in the same way,[224] and, if he opposes it with the proper parry, which is low *quarte,* retreat out of measure quickly and attack again, trying to discover his intentions, but not giving away yours, so you will have the chance for some expedient combination and you will transition, without loss of time, from these blows to *fendenti* or *colpi di figura.*

If the opponent, as you are using all the imaginable skill to hit him, gets a chance to give you a *fendente,* raise the hand in *quarte* and make an angle to your left, deflecting his blade, so that you will have a very sure chance to hit him outside.

[224] In the same way as previously explained.

Chapter III

About the Manchette cuts inside, outside and sottomano.

Many inexperienced fencers attempt to use these strikes, but they only manage to show their ignorance of the sabre in doing so. No experienced sabre player engages in these operations that put even the most prudent fencer at risk.[225] Let us suppose that both combatants are on the offence, so the one who wants to strike has to go off the line of offence and then, to deliver the planned *manchette,* he has to come back with a violent motion, inside or outside, depending on the position of his sabre. Please note that something which is in motion and meets no resistance will go off the line of offence, so that you can hit your opponent with a *fendente* or any other prepared action.[226] All odds are in favour of your enemy being hit. If he tries anything else, it would not be easy for him to succeed, because your sabre is all on the line of offence and your space to defend is smaller than his space to offend.[227]

These time cuts are widely used by the Germans and the French, who attack you following the rules described above. Wishing to use such a strike, you will see a chance

---

[225] Bertolini is not saying that the *manchette* is useless, he is saying that it has its place and its rules and that you should not savagely cut at the hand or arm as your only option.

[226] Now, this should be explained as follows, in my opinion: if your opponent cuts at your hand or lower arm, without any proper preparation of the action, it is quite easy to slip the hand and cut back as he is off the line.

[227] Please note how similar Bertolini's terminology is to George Silver's; the concept of "Narrow Spaced" applies here.

to attack your opponent,[228] who will pretend not to oppose your fierce attacks and will break measure, bringing his body back, turning on the point of the left foot,[229] and bringing the right foot back on the line of offence, cutting you at the same time as he planned to do. One has to be careful so as not to run this risk.

Follow this general rule: before you attack, discover what your opponent's intentions are, so that you can defend yourself, and keep your sabre all on the offensive line, so that he will not dare to torment you with repeated attacks.

Now I will talk about the *manchette* strike that you can use when your blades are joined *quarte* on *quarte*. In this case, if your opponent tries to hit you with a *fendente,* take the chance give him a *manchette* on the inside; on the other hand, if you have the blades joined *tierce* on *tierce,* if he threatens you with any strike, give him a *manchette* on the outside.

After you perform either one of these blows, retreat out of distance, stepping backwards a couple of times to preserve yourself better, but do so in a proper guard.

Look at the tenth illustration, where F.1 represents a fencer who used one of the said strikes.

These cuts could be used as first intention attacks. However, it would be easy for the opponent to defend against them. If you see that your opponent is still and waits for you with a threatening appearance, be careful that he does not hurt you with some secondary strike;[230] engage him in *tierce,* making an angle with your blade

[228] The opponent is inviting you to attack here.

[229] Ball of the foot actually.

[230] Bertolini means riposte here.

outside, so as to be well defended; if you realise he has been surprised by your blade pressure, take the chance and strike at him on the inside hip. The said action has this name because you hit the opponent on the inside with it. A strike like this is conducive to beautiful combinations, without any loss of time. If the opponent parries with a low *quarte*, you run the risk to be hit with a *colpo di figura* (cut to the face) on the outside, because your opponent just needs to turn his hand in *tierce*[231] to hit you and that will be easy for him to do. In order to parry this dangerous riposte, you will quickly come back to a guard of *quarte*,[232] nullifying his attack and having now a chance to riposte at his outside hip.

T.X.

[231] Here Bertolini means that the edge is on the outside.

[232] This is not a "true cross parry", as you are not crossing the opponent's blade at all, you are lifting his outside cut with your inside guard so that it will go over your head, I think the parry described is actually a *sesta* (high inside).

An easy way to hit your opponent

If he presents his weapon in some other way,[233] then you will use other ripostes, but all of them to the outside; this way of fencing makes hitting the opponent easier. The way you properly perform the said attacks, depends on how the opponent comes to parry. If the blades were engaged on the inside, the blow will go to the outside; if they were engaged on the outside, the attack will go to the inside. While performing any of these cuts, your blade must be at an angle, so it will keep the opponent's blade out of the line of offence. Do not press too much on the opponent's sword and keep your point in the line of offence, so the opponent will not pursue you and will not dare renew his attacks.

There are some necessary admonishments to give here. I explained to you how to cut to the hip to the inside and the outside, now I will tell you the risks for the one who wants to perform them without proper habits, because they are beautiful strikes if performed by a skilled hand, but they are dangerous nonetheless.

The strike will be performed with lightning speed and an invisible motion of the hand. Do not press too much on the opponent's blade, because if you do so, he may guess your intention and let you act without coming to a parry, and, just as you think it is the right time to hit, he will stop you with a second intention[234] blow he prepared beforehand.

---

[233] He most probably means in *quarte*.

[234] Today, "second intention" has a different meaning: Bertolini considered an attack to be first intention, the counter to be second intention, and the counter of the counter a third intention.

It would seem that in the engagements[235] you have to make an angle with your blade, so that the opponent, wishing to hit you with some secondary attack, will have to make an ample motion and you will guess his plan. In order to defeat the attack he is about to give you, stay well-ordered in your guard, do not attack in any way, and he will give away his plan.

If the adversary waits for you in guard, with his sword arm extended and his sabre all in the line of offence, you will double your caution in attacking him. If he decides to perform some action, you will take the opportunity to throw him a *manchette* strike in whatever way the situation will allow you to do so. Once you've thrown your blow, get out of measure quickly, well-ordered in your guard, with your sabre in the line of offence; by doing this, you will prevent the opponent from charging you with some secondary attack.

[235] This most probably applies to engaging guards, *legamenti*, and strikes, although, in this specific sentence, *attacchi* is to be interpreted in the Spanish sense of the word, implying blade contact, and applied to the *legamento* or bind.

Chapter IV

About consecutive cuts and how to oppose the ones who fence in tempo.

There are another five strikes in sabre play, and there are quite inexperienced masters who teach them to their students. If they knew the right way of teaching, I'm persuaded they would abandon this less than expedient habit and teach more useful things.

The description of the five, less used, strikes

These strikes have the following names: blow to the thigh, inside and outside, blow to the leg, inside and outside, and blow to the foot.[236] Who is the sabre player that does not understand that such attacks expose the user to great dangers?

However, I do not intend to banish them completely from sabre play, because there are fencers who have the wrong habit of staying where they are, after an attack, instead of returning to guard. Against these fencers, you can take the opportunity to use one of the mentioned strikes.

If you decide to give them[237] a *fendente,* stay a bit out of measure but offer them the thigh, pretending you are not aware of it, so they will resolve to go for it. Be advised: in such a case you'll have to bring your right foot quickly

---

[236] Contrary to the British tradition, which is quite fond of cuts to the leg, Bertolini openly despises them, a trait that became quite common in later Italian sabre methods. Bertolini does not neglect their use as ripostes, as we will see, just their use as primary attacks.

[237] One of these fencers who attack the leg as they see it.

behind the left, throwing a *fendente* at the same time, and this strike will succeed. If you prefer to perform some other technique, you can, in the usual way, as far as it is a second intention action.

About the way to deal with an expert opponent

If you are facing an expert opponent who keeps his sabre raised, with some secondary action in mind, you will have the impression that you can hit him easily: you have to be prudent, against this kind of opponent, because he will take the measure away from you and hit you with some second intention blow. I already explained the way to deal with this adversary, in the first chapter of the second part of the book.[238]

Given that all actions with the sword and the sabre are duplicated, because what you can do on the inside you can also do on the outside, it would not be worth speak about the matter, if it was not for the fact that the hand changes position in the different actions. Therefore, I find it appropriate to mention it.

So, when you have engaged on the outside, the blow will end on the inside; whereas, if you have engaged on the inside, the attack will end on the outside, if such blows are done with the first intention.[239]

---

238 The Master means the last part of part two chapter I, about false attacks, where he explains how to use feints to disclose the opponent's plans.

239 Here Bertolini is speaking about the cutting action, preceded by a *legamento* or bind, or from the engaged guards.

If, on the other hand, your strike is a feint, you will be able to discover the opponent's intention and the attack will end on the other side.[240]

It is appropriate to find out what plans the adversary has, before performing these actions, as I said elsewhere, because one has to act with great caution and be safe from the opponent's sabre, not to be tricked by some quick riposte.

You have to know that all sabre actions come out easily if you keep the opponent's blade subjugated by yours.

How to defend against those who attack with the first intention

If the opponent resolves to attack with the first intention and he is one of those furious ones who close on you to gain the measure, keep the sabre in front of him so that he dares not to get close, and in doing so you will frustrate any hope he has to hit you. It is to be noted that if the opponent was so out of his mind as to rush to you, no matter what, he would meet the point of your weapon without any chance to parry it.

How to fight with the third intention

If you are face to face with an expert sabre player who likes to fight in *tempo*,[241] you will have to be cautious and fight him with the third intention: you will have to attack him and find out what his plan is, at the same time. If you

[240] To be clear: if you and your opponent are engaged on the outside, if you feint on the inside and he parries with a *quarte*, your true cut will be an outside of some sort. The fencer here feints, observes, and then attacks.

[241] Using time actions, like time cuts.

decide to act against him with some secondary attack, as is the norm, and he tries to catch you with some pre-planned riposte, be cautious and ready to defend yourself in a similar exchange in the same time,[242] and you will easily hit him with a counter-riposte, which is the name of the third intention, used by the greatest writers, ancient and modern.

This is also recommended by the famous professor Ferdinando Ganfaldoni, in his sabre treatise, second part, fifth chapter.

So, before you commit to any attack, try to find out what your opponent's intentions are, so that you can envelop him in a series of actions that you have pre-planned, because, if you want to fight with someone, you have to fence in the smartest of ways so you do not run the risks I have mentioned previously.

If you will follow the mentioned rules, it will be difficult to hit you and you will have success.

I have so far described to you the larger part of the actions that form the sabre system. In the following chapter, I will describe actions that require a method which is different from what I have explained already.

---

242 Bertolini uses *incontro* here, which in my opinion implies that the two blows are thrown in the same fencing time. It is an attempt, on the opponent's part, not to play with the parry-riposte *tempos*, but to avoid your blow and hit you simultaneously. As the sentence that follows explains, your way out of this situation is to parry his time strike and make a riposte. It seems to be a parry and riposte against an *uscita in tempo* by your opponent, what Italian fencers would call a "controtempo".

Chapter V

Actions that require a different fighting method.

If you are in the offensive line and you realise your opponent's right hip is uncovered, re-assume the *tierce* position and, if he remains in his guard, threaten his hip; he will react to this with the parry of *seconda* and you will have the chance to throw a *fendente* that will succeed in its task.

This cut will be delivered with the hand in *quarte,* you will lunge as prescribed: the left thigh stretched, the right foot three feet in front of the left on the offensive line, and perpendicular, so that the body is motionless; your head will be defended by the sabre and, in order to do defend yourself better, you will make an angle with your blade on the inside, to better interdict the opponent's blade.

About the *fendente secondario*

The described blow is named *fendente secondario,* because it is performed with a feint to the hip.[243] It must be performed at the greatest possible speed.

About the rules, to correctly perform the *fendente*

It is a good idea to remind what I have already explained about the *fendenti* and the way to use them.

Anyone who has knowledge of sabre play knows that there are two ways to perform a *fendente*: right and left. While the effect is the same, the execution is different.

---

243 Any strike after a feint is a secondary strike, in Bertolini's system.

This strike can be used from the guard of *quarte*: feint at his inside hip and he'll certainly adopt a guard of *quarta bassa* (low *quarte* or low inside), which will give you an opening large enough to land a *sinistro fendente* (left *fendente*), with the fastest of motions.

You will have to threaten the adversary's hip with the feint first, so that he will assume the low *quarte* guard. Then you will transition to *prima*, which will bring your sabre to your right shoulder, with an invisible motion. Once you have done this, your hand will naturally go to *quarte*, and as you realise you are in this position, you will execute the planned cut at the maximum speed.[244]

Later on, you will realise how useful it is to know in time the opponent's intentions.

Let us assume that two fencers are both on the line of offence. The one who can keep the opponent at bay with false attacks and who knows the correct gradation of the opponent's blade will make the other obey his will.

You have to exert proper caution in executing these strikes, because if the opponent guesses what you have in mind, he will meet your cut in either *prima alta* or *quarta alta*, depending on where your *fendente* is aimed.[245] If the opponent resorts to one of these parries, he will be shielded

---

[244] What I see as a major difference between this sequence and those of the previous chapters is this: the preparatory action and the strike are on the same line, being a low and a high inside, in this case.

[245] Here the literal translation sentence would be "*prima* or *quarta alta*", but I think he means *prima alta* and *quarta alta*, because they both shield the top of the head and are the fastest to assume, from *quarte* or *tierce* respectively. See chapter VI, about offence and defence.

from your strike but his lower targets will be exposed, so that, turning your hand in *quarte*, you will be able to hit him on the inside where it is most appropriate,[246] but with the fastest motion of which you are capable. These strikes are produced by the simple combination of the *fendenti*, and by acting as described, they will serve easily to open you a path to hit your opponent.

As a rule, be determined as you feint a *fendente*, because with this feint, the opponent will leave you an ample uncovered area at which to strike.[247]

[246] Or in *tierce*, depending on the situation, I think this is implied. In this sentence, the Master is saying *quarte* because he was speaking about the *sinistro fendente*.

[247] So, why did Bertolini not explain this before? Why is this requiring a "different method"? Basically, you are not changing line, nor keeping the opposition to the opponent's blade. If he does not fall into your trap, he may well get you with a *manchette* as you feint, or may hit you with a riposte. This way of fencing is riskier than what was described in the previous chapters.

Chapter VI

How to fight the "natural fencer" and general directions for the offence and the defence.

There are many who have been taught no principles about the sabre, but do not lack arrogance, because they can perform a double moulinet or other strikes as they like, without any sort of foundation.

If you are up against such an opponent, be cool and cautious, because if you want to play according to the rules, he may attack you with some improvised action and your attempt to resist could be futile. If you remain in the line of offence, your arm can be too exposed to his repeated attacks.[248]

Keep your sabre stretched on the line of offence, but stay out of measure, so that he cannot strike your blade aside and open the path to hit you that he would achieve if he managed to hit you in the arm.

In order to negate any hope to this kind of opponent, arrogant and inexperienced, you have to be cautious and stay out of measure, do not oppose his attacks, do not try to keep the right position, and do not offer him your arm, because as I said it may be hit. As a general rule against this kind of fencer, stay at distance, so that he cannot hit you because of it; if he rushes toward you, you would not even see his sabre, because of the violent motion he makes to get to you. A body performing an extraordinary effort is

---

[248] It is to be understood that an ignorant fencer may commit to series of cuts, without realising how much he is endangering himself by pressing forward in this way. The fact that he is most likely going to be hit does not stop him, because he is not aware of it, and you can end up with a double hit.

soon going to be tired and will slow its pace, so, you will have a favourable chance to hit with a planned blow of your own, he being exhausted, and the natural fencer is going to be exposed in many places, by way of the fact that he knows no defensive action, and he will find no parry to save himself.

About offence and defence

Now, I well talk about the offence and the defence. So, if you are on the plane of offence, against any enemy whatsoever, if your sabres are engaged in *quarte* against *quarte*, if he throws the right *fendente* to you,[249] you will parry him with *quarta alta* (high *quarte*),[250] which gives you the cut to the right hip as riposte. If, on the other hand, you and your adversary are engaged *tierce* over *tierce* and he throws the *sinistro fendente* (left *fendente*), to perform it properly he will bring his blade to his left shoulder, with the quickest motion, and then direct the cut with the hand in *quarte*, above your forehead; you will be hit, no doubt about it, if you will not oppose his cut with the parry of *prima alta*,[251] which will give you the opportunity to riposte with a cut to the chest. In order to perform it properly, you will have to turn your hand in *quarte* and so your riposte will be easily executed.

If your opponent threatens you with a *colpo di figura* on the inside, oppose it with a *quarta stabile*, but be advised: meet

[249] This *fendente* seems like a *coupè*, because from *quarte* it is charged over the right shoulder and discharged above the head.

[250] Both *quarta alta* (that is likely the modern *sesta*) and *prima alta* will stop a cut to the top of your head.

[251] Given that the cut is above the head, *prima alta* will stop it, regardless of the fact that his hand is in *quarte*.

the middle of his blade with your double strong. In this case, your riposte will be to the outside hip, but perform it with an invisible motion, so that your planned cut will be easy to land.[252]

If you are attacked with a *colpo di figura esterna*,[253] your parry is obviously going to be a *terza stabile*.[254] Once you have performed the parry, with the rule explained above, your riposte will be a cut to the inside hip. In order to riposte, you will turn your hand in *quarte*, so that you will be well-defended,[255] your blade will be naturally directed to your opponent's flank, and your counterattack will be easy to land.

If you decide to attack the enemy and cut him in the chest, find out what he means to do first, because you will have to use time properly so you are not hit by his riposte, because it is evident that the opponent just has to oppose your cut with the parry of *quarte* if he is at a narrow measure.

If the opponent, on the other hand, is correctly on the line of offence, the safest parry is *prime* instead.[256] To perform it,

---

[252] Basically, from the stable parry, you slide down the blade in *tierce*, under the opponent's blade, and this makes it very difficult for him to catch up and parry.

[253] A cut to the outside of the face.

[254] A parry of *tierce*, with the same blade to blade relation attributes described for the *quarta stabile* above, today we would say *parata di tasto*.

[255] Well-defended from a second attack on the other line, I think, because, as a matter of fact, your blade is quitting the outside line.

[256] Instead of *quarte*. In the first case, the cut to the chest bypasses the defender's blade and he stops it in *quarte*. In this case, his

you should lift your hand at chin height, the strength of the arm focused in the fist, without rigidity; the fist will be one and a half feet in front of the left shoulder, but in the proper line of offence, the sabre pointed to the ground,[257] with the point somewhat forward; so you will have a vast area to strike a *fendente* or some other blow to the inside.

How to attack your opponent with the *traversone*

If you want to attack your opponent with a *traversone,* know that this cut gets his name from the junction between the arm and the right shoulder.[258] To execute it properly, you will have to turn your hand in *tierce* and threaten the adversary with the most committed feints, to make him

---

sabre is on the line, so the cut to the chest is the result of displacing it. The correct way for the defender to react is to parry with a *ceduta di prima,* turning his hand from *tierce* to *prime.* Bertolini is not explicit in this passage, because the second case involves a *legamento* or even a *sforzo,* as he explained early in the manual, and therefore the defender's blade is not free to turn from *tierce* to *quarte*. He could attempt a circular parry, but that would take too long. With the *ceduta,* although the second half of his blade is under the attacker's control, he brings the part close to the hilt between your blade and his chest, stopping your action. It is also to be noted that, in this case, you are the defender. Roles are switched from the previous example.

[257] The original text says "perpendicular to the ground". However, since the point is forward, it just cannot be 90 degrees.

[258] The original text says "this cut originates where the arm joins with the shoulder", but, knowing that this is the description of the target area, I opted for saving the reader a headache and translated the sentence in a more understandable way. The *traversone* is a cut that mirrors the cut to the chest, therefore, it is aimed just below the arm, on the outside of the torso.

uncover himself.[259] Because of your tricks, he will be uncovered below the sword, and when you see the favourable moment, you will throw your cut. If he opposes your cut with the parry of *seconda* in line, you will be open for a *colpo di figura interno,* as the opponent will just have to turn his hand in *tierce* and push out the sabre to hit you.

I warn you: in order to avoid this dangerous riposte, you have to go backward and oppose with a parry of *quarte,* taking care to be in good order in your guard; doing this, you will take the measure away from your opponent, as a counter-riposte, give him a cut to the outside hip, or some other blow that looks easier to you.

If I wanted to give you all the details of sabre play, I would have to write so much more, because it has no limits, and the one who wished to measure its extent would make a great mistake.

The few teachings I gave you seem sufficient to play with the sabre in a skilful way and handle it safely.

I will conclude my teachings by saying that the fencer has to make what I said so natural, for his hand and his mind, as to be able to apply it like a habit. The man who wants to be a capable fencer has to practise continuously, so that his body obeys his will and he acquires speed and skill, so his hand can always operate with consistent mastery, even at those times when glory and life are at stake.

With these notions, in Graz where I have been a master for several years, I had the pleasure to teach some valiant fencers, some of whom I have already named.

---

[259] What the master is saying is that you will divert the opponent's attention with some feint, then you will turn your hand in *tierce* and cut below the arm.

I left Graz in December of 1836 and went to Trieste, where there was a vacancy for a fencing instructor. Here I began teaching again and I was soon comforted for the loss of my Styrian friends and sponsors, by the valiant youth surrounding me and applying with all the effort it could to the generous art I practise.

I have instructed capable fencers also in Trieste, and I mention them here, not for their honour but for mine. They are: Francesco Wallop, Giuseppe Ambonetti, Francesco Dubbane, Dr. Michele Hantschl, Demetrio Chaudoin, Giovanni Gattorno, Dr. Federico Mauroner, Dr. Pietro Campiutti from Udine, Mr Konow, Giuseppe Pavia, Drago Popovich, the Gazzoletti brothers, Francesco Ragazzi, Teodoro Boisdechesne, Dr. Jenny, Bartolomeo Streiff, Mr Jeralla, Dr. Gionanni Battista Princivalli, the brothers Enrico and Giuseppe Hirschberg.

I will be extremely happy if this treatise will be studied by the educated youth, so I will contribute with my actions and my writings to increase the prestige of our country, and to the splendour and safety of the merry empire of our extremely benevolent monarch Ferdinand the First, to whom may God give long years of peace and glory, as a deserved reward for the bright virtues he possesses and that will provide a merry age in the history of the Austrian Sates.

Sabres and swords

One legitimate question the reader may ask is: for what kind of sabre is Bertolini's manual written?

There is not a simple answer. The master describes several sabres that are fit for use, in very general terms. Sabre blades can have a fuller or be of the pipe-back kind, which makes them robust but light. Bertolini prefers sabres with long blades, equipped with a protective hilt.

The only type of sabre the master prefers to avoid is that with a very curved, oriental style blade.

The illustrations in the manual do not help very much – all we can say is that the sabre has a curved blade and a hilt, because the drawings are not very detailed.

Sabres with a fuller

Sabres with a fuller used to be very popular when Bertolini served in the French Army. There are several kinds, but the hussar sabre with a curved blade and a simple hilt, is worth mentioning. Several nations used this type of sabre with local variations, keeping the main traits of the weapon: a broad and curved blade, for effective cutting, coupled with a simple knuckle bow hilt.

There are other kinds of sabres with a fuller, used by different corps and having different shapes. Hilts were, in some cases, made more protective by adding some bars (see the 1802 French sabre in figure 3).

Figure 1: French Imperial Guard sabre

Figure 2: Hussar sabre from the Kingdom of the Two Sicilies[260]

Figure 3: French sabre, year XI (1803)

Figure 4: French sabre for light infantry officers

260 This sabre is also described in: Cesare Calamandrei, *Armi bianche militari italiane*, Editoriale Olimpia, Firenze, 1987, p. 331.

Pipe-back sabres

Pipe-back sabres used to be very popular during the period when Bertolini's manual was written. This type of blade allows for a reasonable stiffness without too much mass, which is not to say that all sabres of this kind are light. The pipe can interfere with the penetration of the cut, by generating friction, and this can be said to be the main drawback of this kind of sabre.

These pipe-back sabres, with a reasonably long blade and equipped with a protective hilt, meet Bertolini's criteria in every way. However, the sabres illustrated previously are not unfit for use in the master's system. Many of the desired features can be found also in a class of sabres that became popular in Austria and in the Italian States, during the restoration, before the Italian unification.

The sabres in figures 7-10 show that the blade with a fuller was still popular.

The Austrian sabre (figure 9) has a spear point, a trait that became popular among military sabres, as a blade with a fuller and a spear point is relatively light and allows for a good thrust.

The 1850 infantry officer sabre (figure 11), has old and new traits at the same time.

Sabres fitted with a gently curved, light blade and an effective point are the result of a compromise to combine the best traits belonging to the sabre with those of the heavy cavalry and infantry swords, in one weapon. Bertolini himself was issued a sword as a dragoon, capable of both thrusting and cutting effectively, and he was fond of its versatility.

Figure 5: British infantry officer sabre, 1822

Figure 6: French sabre, 1850

Figure 7: Hussar sabre, Piacenza

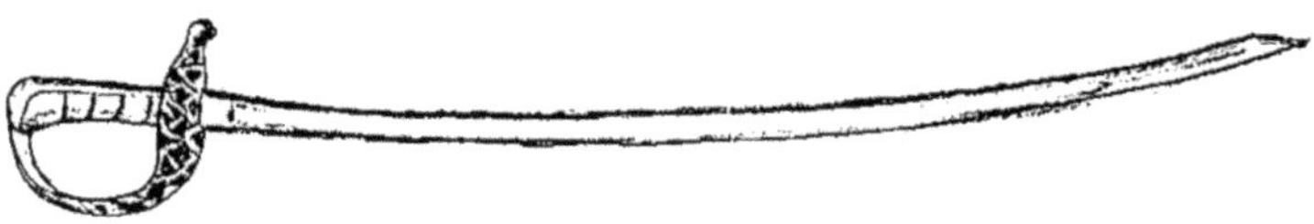

Figure 8: Sabre from Tuscany[261]

[261] Cesare Calamandrei, *Armi bianche militari italiane*, Editoriale Olimpia, Firenze, 1987, p. 305.

Figure 9: Austrian sabre, 1845

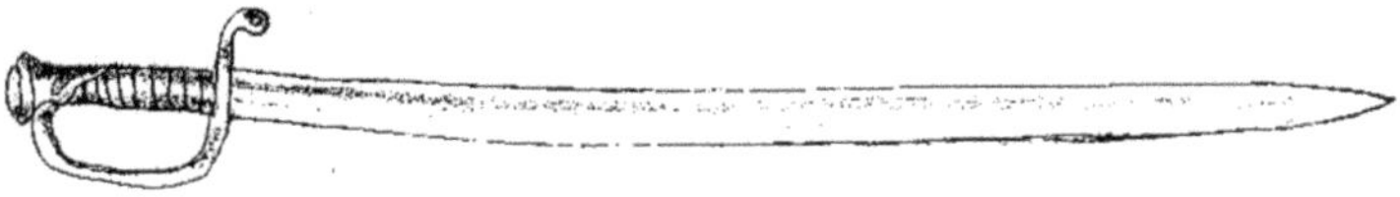

Figure 10: French infantry officer sabre, 1845

Figure 11: Austrian infantry officer sabre, 1850

Figure 12: French Dragoon sword

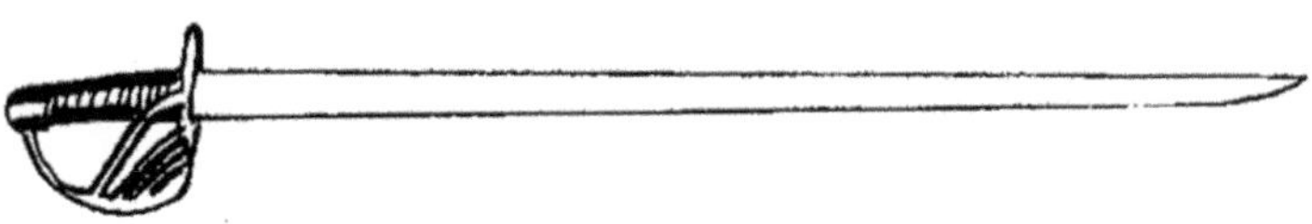

Figure 13: Gendarmerie sword, year IX (1800)

Short sabres

Bertolini mentions the fact that some prefer short sabres, and these used to be very popular during the Napoleonic Wars, because they were used as backup weapons by infantry soldiers armed with a musket and a bayonet.

Short and robust sabres, usually called cutlasses, were used by the navies in different countries as well.

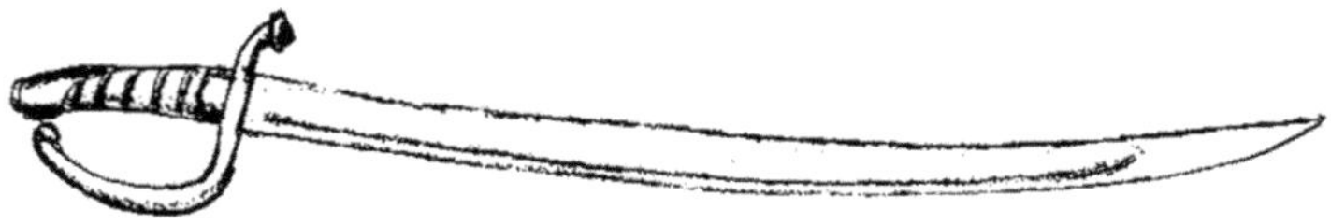

Figure 14: French Gendarmerie Briquet

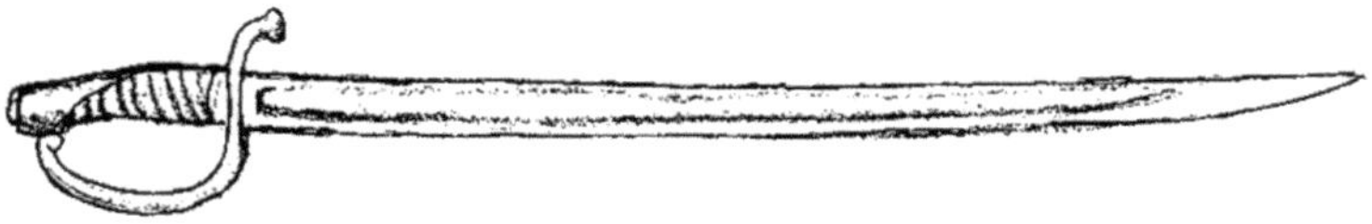

Figure 15: French National Guard Briquet

Bibliography

Archives

Biblioteca Civica, Trento, *Fondi antichi e Sezione trentina, Archivi, BCT1, Fondo miscellaneo, Famiglia Bertolini,* 2414, 2480, 2518 (years 1669-1811).

Biblioteca Civica, Trento, *Fondi antichi e Sezione trentina, Archivi, BCT1, Fondo miscel-laneo, Famiglia Fontana,* 2891/111.

Manuale provinciale del Litorale Austro-Ilirico per l'anno 1848, I. Papsch & C. tip. del Lloyd Austr., Trieste, 1848.

Notificanza della regia Commissione superiore di liquidazione colla quale viene pubblicato un nuovo elenco di creditori, sì particolari che Corpi amministrati, verso la liquidazione francese di Ia classe in data 10 giugno 1829, Stamperia Reale, Torino, 1829.

Registro delle sessioni del Governo provvisorio della Repubblica di Genova dal giorno della sua installazione, 14 giugno 1797, Stamperia Nazionale, Genoa, 1797.

Primary Sources

Bertolini, Bartolomeo. *Giorni d' Orrore, avventure particolari accadute al cav. Bartolomeo Bertolini di Trento, antico ufficiale di cavalleria, e ad alcuni suoi compagni d'armi, dal giorno 13 al 28 Novembre 1812, nella campagna di Russia, scritte da lui medesimo,* Antonelli, Verona, 1847.

Bertolini, Bartolomeo. *Il veterano d'Oriente, ossia carriera militare anedotica del Cavalier Bartolomeo Bertolini di Trento, scritta da lui medesimo,* Weis, Trieste, 1839.

Bertolini, Bartolomeo. *La campagna di Russia e il tramonto di Napoleone (1812-1815),* A. Mondadori, Milano, 1869.

Bertolini, Bartolomeo. *La mia prigionia in Russia, racconto storico di Bartolomeo Bertolini da Trento, antico capitano di cavalleria, cavaliere della Legione d'Onore, attualmente in Brescia,* Venturini, Brescia, 1861.

Bertolini, Bartolomeo. *Trattato di Contrapunta scritto da Bartolomeo Bertolini, Cavaliere della Legione d'Onore, dedicato a S.A.S. Federico de Schwarzemberg, duca di Krumau,* Weis typography, Trieste, 1844.

Bertolini, Bartolomeo. *Trattato di Scherma relativo alla Spada,* Weis typography, Trieste, 1844.

Bertolini, Bartolomeo. *Trattato di Sciabola,* Weis typography, Trieste, 1842.

del Frate, Capitano Settimo. *Istruzione pel maneggio e scherma della sciabola,* Litografia Gaetano Baroffio, Milan, 1869.

Lonnergan, A. *The Fencer's Guide,* W. Griffin., London, 1747.

Parise, Masaniello. *Trattato teorico–pratico della scherma di spada e sciabola,* Tipografia Nazionale di Roma, Rome, 1884.

Rosaroll-Scorza, Baron G.M. *Trattato della Spadancia o sia della Spada Larga,* Fernandes Brothers, Naples, 1818.

Wylde, Zachary. *English Master of Defence,* John White, England, 1711.

Primary Source Reproductions

Angelo, Henry; Ben Kerr and Keith Farrell (eds.). *The Guards and Lessons of the Highland Broadsword, 1799,* Fallen Rook Publishing, Glasgow, 2014.

Bertolini, Bartolomeo. *La campagna di Russia e il tramonto di Napoleone (1812-1815)*, Mondadori, Milan, 1940.

McBane, Donald; Ben Kerr (ed.). *The Expert Sword-Man's Companion, 1728*, Fallen Rook Publishing, Glasgow, 2015.

Roworth, Charles; Ben Kerr and Keith Farrell (eds.). *The Art of Defence on Foot, 1798*, Fallen Rook Publishing, Glasgow, 2014.

Breve trattato di scherma alla sciabola di Carlo Tambornini, maestro di scherma al regio Collegio di Marina in Genova, introduction and interpretation by D. Calcagno, with the *Istruzioni e norme generali sulla scherma della baionetta di Pietro Spinazzi (Genova 1851)*, Genoa, 2019.

Secondary Sources

Baurmann, J., H. Gunther, and U. Knoop. *Homo scribens: Perspektiven der Schriftlichkeitsforschung*, Tübingen, 1993.

Berlam, A. *Il veterano napoleonico cavalier Bartolomeo Bertolini, scrittore di memorie e maestro di scherma*, in *L'Archeografo triestino: raccolta di opuscoli e notizie per Trieste e per l'Istria*, series III, volume VII / XXXV (1913), 269-277.

Bresttner-Messler, Horst. *Die Protokolle des Österreichischen Ministerrates 1848-1867. V Abteilung: Die Mini-serien Rainer und Mensdorff. VI Abteilung: Das Ministerium Belcredi*, (*Österreichischer Bundesverlag für Unterricht, Wissenschaft und Kunst*), Wien, 1971.

Calamandrei, Cesare. *Armi bianche militari italiane*, Editoriale Olimpia, Firenze, 1987.

Calcagno, Daniele. *Giovanni dall'Agocchie, dell'Arte di Schermire Libri Tre*, Maccadan, Genova, 2017.

Castelot, A. *La Duchesse de Berry d'après des documents inédits*. Neuausgabe, Paris, 1996.

Castelot, A. *La Duchesse de Berry ou la mere persécutée*, Paris, 1998.

De Scalzi, P. *La scienza della scherma esposta per lezioni teorico-pratiche dal professor Paolo De Scalzi di Genova*, Verona, 1835.

Farrell, Keith and Alex Bourdas. *AHA German Longsword Study Guide*, Fallen Rook Publishing, Glasgow, 2013.

Farrell, Keith. *Scottish Broadsword and British Singlestick*, Fallen Rook Publishing, Glasgow, 2014.

Höflechner, W. and I.M. Wagner. *Geschichte der Karl-Franzens-Universität Graz – Von den Anfängen bis in das Jahr 2005*, (*Universität Graz: Allgemeine wissenschaftliche Reihe*, Band 1), Graz, 2006.

Höflechner, W. *Zur Geschichte der Universität Graz*, in K. Freisitzer, W. Höflechner, H.L. Holzer, W. Mantl (eds.), *Tradition und Herausforderung. 400 Jahre Universität Graz*, Graz, 1985.

Kremers, H. (ed.). *Marie Caroline Herzogin von Berry. Neapel, Paris, Graz, Lebenswege einer Prinzessin der Romantik*, Wien-Köln-Weimar, 2002.

Krones, F. *Geschichte der Karl Franzens-Universität in Graz*, Graz, 1886.

Parisi, Carlo. *Dagger Fencing: The Italian School*, Fallen Rook Publishing, Glasgow, 2016.

Pizzinini, M. *Andreas Hofer. Seine Zeit – sein Leben – sein Mythos*, Innsbruck-Bozen, 2008.

Rosaroll-Scorza, Baron G.M. and P. Grisetti. *La scienza della scherma esposta dai due amici Rosaroll Scorza, capitano dei Zappatori italiani, aggiunto allo Stato Maggiore del*

Genio, e Grisetti Pietro, capitano di artiglieria italiana, Milano, 1803.

Wesener, G. *Österreichisches Privatrecht an der Universität Graz,* (*Geschichte der Rechtswiss. Fakultät der Universität Graz,* Teil 4), Graz, 2002.

Wesener, G. *Römisches Recht und Naturrecht,* (*Geschichte der Rechtswiss. Fakultät der Universität Graz,* Teil 1), Graz, 1978.

Websites

Franklin, Sean. "Accelerating the Wrist in a Cut – It Doesn't Work!", *Sword STEM,* 9th January 2019, accessed 2nd February 2022. https://swordstem.com/2019/01/09/accelerating-the-wrist-in-a-cut-it-doesnt-work/

Franklin, Sean. "Accelerating The Wrist 2: Revenge of the Moulinet (and more)", *Sword STEM,* 6th February 2019, accessed 2nd February 2022. https://swordstem.com/2019/02/06/accelerating-the-wrist-2-revenge-of-the-moulinet-and-more/

www.ingramcontent.com/pod-product-compliance
Ingram Content Group UK Ltd.
Pitfield, Milton Keynes, MK11 3LW, UK
UKHW020621270525
458932UK00015B/265

9 781913 066055